Autor _ BERNARDO GUIMARÃES
Título _ ELIXIR DO PAJÉ
POEMAS DE HUMOR,
SÁTIRA E ESCATOLOGIA

CB026771

Copyright _ Hedra 2010

Corpo editorial _ Adriano Scatolin,
Alexandre B. de Souza,
Bruno Costa, Caio Gagliardi,
Fábio Mantegari, Iuri Pereira,
Jorge Sallum, Oliver Tolle,
Ricardo Musse, Ricardo Valle

Dados _

Dados Internacionais de Catalogação na Publicação (C

G976 Guimarães, Bernardo (1825—1884).

Elixir do pajé — poemas de humor, sátira e
escatologia. / Bernardo Guimarães.
Organização de Duda Machado. – São
Paulo: Hedra, 2010. 170 p.

ISBN 978-85-7715-207-0

1. Literatura Brasileira. 2. Poesia. 3. Poesia
Erótica. 4. Humorismo. 5. Sátira.
6. Escatologia. I. Título. II. Elixir do Pajé.
III. Guimarães, Bernardo Joaquim da Silva
(1825—1884). IV. Machado, Duda,
Organizador. V. Machado, Carlos Eduardo de
Lima, Organizador.

CDU 869.0(8
CDD 890

Elaborado por Wanda Lucia Schmidt CRB-8-1922

Direitos reservados em língua
portuguesa somente para o Brasil

EDITORA HEDRA LTDA.

Endereço _

R. Fradique Coutinho, 1139 (subsolo)
05416-011 São Paulo SP Brasil

Telefone/Fax _ +55 11 3097 8304

E-mail _ editora@hedra.com.br

Site _ www.hedra.com.br

Foi feito o depósito legal.

Autor _ BERNARDO GUIMARÃES
Título _ ELIXIR DO PAJÉ
POEMAS DE HUMOR,
SÁTIRA E ESCATOLOGIA
Organização _ DUDA MACHADO
São Paulo _ 2010

hedra

Bernardo Guimarães (Ouro Preto, 1825—*id.*, 1884) pertenceu ao célebre grupo romântico da Faculdade de Direito de São Paulo em que se destacavam também seus amigos Álvares de Azevedo e Aureliano Lessa. Com eles organizou a Sociedade Epicureia, orgão dedicado a leituras dos chamados "poemas bestialógicos", farras estudantis, extravagâncias diversas e incursões pela moda do satanismo. Ao terminar o curso de Direito, Bernardo retornou a Ouro Preto, onde nascera. E depois de duas passagens pelo Rio de Janeiro e pelo jornalismo, fixou-se definitivamente em sua cidade natal. É autor de *Poesias* (1865, reunindo *Cantos da solidão*, *Inspirações da tarde*, *Poesias diversas*, *Evocações*, *A baía de Botafogo*), *Novas poesias* (1876) e *Folhas de outono* (1883). De alcance entre modesto e medíocre, a poesia lírica do romântico Bernardo está marcada por inflexões neoclássicas. É possível que suas dificuldades como poeta lírico tenham levado Bernardo a dedicar-se a romances ligeiros e de fácil aceitação em sua época, como é o caso de *Rosaura*, *A escrava Isaura*, *O ermitão do Muquém* e *O seminarista*. Mas é a obra satírico-escatológica, humorística e *nonsense* de Bernardo que o distingue como um poeta inventivo e dotado de atualidade.

Elixir do pajé — poemas de humor, sátira e escatologia contém uma seleção da produção poética de Bernardo Guimarães. O leitor irá descobrir a vertente mais rica e ainda pouco conhecida da obra do autor: a paródia agressiva aos clichês do indianismo de "Elixir do pajé", a exuberância *nonsense* de poemas como "Soneto" e "Mote estrambótico", o jogo escatológico de *A origem do mênstruo*, a leveza satírica de "À moda" e a obra-prima *A orgia dos duendes*.

Duda Machado nasceu em 1944, na cidade de Salvador. É poeta, autor de *Crescente* (Duas Cidades, 1990), *Margem de uma onda* (Editora 34, 1997) e *Tudo tem a sua história* (Editora 34, 2005), livro de poemas com histórias para crianças. Foi organizador do livro *Bernardo Guimarães — poesia erótica e satírica* (Imago, 1992). Traduziu e organizou ainda a edição de *Cartas exemplares* (Imago, 1993), uma seleção da correspondência de Gustave Flaubert. Entre suas traduções, destacam-se *Vidas imaginárias*, de Marcel Schwob (Editora 34, 1997) e *O bom soldado*, de Ford Madox Ford (Editora 34, 1997). É professor-adjunto de Teoria da Literatura na UFOP (Universidade Federal de Ouro Preto) e tem no prelo um livro de poemas: *Adivinhação da Leveza*.

SUMÁRIO

Introdução, por Duda Machado 9

ELIXIR DO PAJÉ
POEMAS DE HUMOR,
SÁTIRA E ESCATOLOGIA   **57**

Prefácio. 59

Elixir do pajé. 63

A origem do mênstruo 71

A orgia dos duendes 79

Humor, sátira & bestialógico 91
O nariz perante os poetas 91
À saia balão 97
Ao charuto 104
Ao meu aniversário 107
Sirius 112
Dilúvio de papel 115
Minha rede 141
Ao cigarro 145
À moda 148
Hino à preguiça 152
Soneto 156
Mote estrambótico 157
Lembranças do nosso amor 159
Disparates rimados 160
Parecer da comissão de estatística
     a respeito da freguesia da madre-de-deus-do-angu . . 163

INTRODUÇÃO

BERNARDO GUIMARÃES:
A EXCEÇÃO PELO RISO

De 1847 a 1852, Bernardo Guimarães estava no centro do que se tornaria um episódio famoso da nova geração romântica. Bernardo, Álvares de Azevedo e Aureliano Lessa tinham criado a Sociedade Epicureia na qual a encenação de situações e comportamentos imitados da literatura byroniana deixa ver uma certa mistura entre arte e vida. Como a personagem de *Childe Harold*, os participantes desse grupo, alunos da Faculdade de Direito de São Paulo, procuravam o "prazer nas desordens mais estranhas".[1] Embora a admiração por Byron tivesse o prestígio de um culto, não era excludente e, nas reuniões denominadas de "ceias escolásticas", havia também uma certa mistura de ordem literária, como mostra o lugar especial dedicado ao *nonsense* do bestialógico-pantagruélico.[2] Além das extravagâncias e excessos, Bernardo se destacava também no

[1] Byron. *Poemas*. Organização e tradução de Péricles Eugênio da Silva Ramos. São Paulo: Editora Hedra, 2008, p. 12.

[2] Basílio de Magalhães cita Couto de Magalhães ao descrever as ceias escolásticas, oferecidas por BG: "Em casa deste, pelas noites de quarta-feira, fazia-se uma ceia *escolástica*, durante a qual um dos convivas deita o seu *bestialógico*, em prosa ou verso". Basílio de Magalhães. *Bernardo Guimarães*. Rio de Janeiro: Tipografia do Anuário do Brasil, 1926, pp. 23—25.

INTRODUÇÃO

improviso e na elaboração destes "disparates rimados", que podemos apreciar hoje em dia graças à sua obra satírico-humorística. Toda essa agitação tinha um certo componente social, pois correspondia, como fez ver Antonio Candido, à "sociabilidade especial dum grupo de rapazes confinados no limite estreito da cidadezinha provinciana e convencional, procurando libertar-se por atitudes de negação".[3] É ainda a mistura que dá a medida do ambiente dos românticos da Faculdade de Direito que incluía, ao lado de sua parcela de satanismo, algumas estudantadas típicas como roubos de galinhas para as mesas das repúblicas, noites de serenata, embustes[4] etc. A vida de exceção chega ao fim com a conclusão do

---

[3]Antonio Candido. "A Poesia Pantagruélica". In: *O discurso e a cidade*. São Paulo/Rio de Janeiro: Duas Cidades/Ouro sobre Azul, 2004, pp. 199—200.

[4]Idem, pp. 28—30. Ainda segundo Basílio de Magalhães, BG organizou um falso enterro de Álvares de Azevedo, "repentinamente falecido", por "um fim de mês, em que o dinheiro lhe escasseara de todo", com a presença do "defunto", "coberto por um lençol, com círios acesos aos lados da cabeceira". Com o dinheiro recolhido, BG e Aureliano Lessa começaram um banquete. O defunto, impassível até então, percebeu o que se passava e, sem resistir mais, levantou-se e foi reclamar seu lugar no festim. No mesmo trecho, transcreve um improviso *pantagruélico* do poeta, jamais recolhido em livro: "Com grandes desgostos dos povos da Arábia,/ Vieram os bonzos da parte de além,/ Comendo presunto e empadas de trigo,/ Sem ter um vintém.// E os ratos vieram, trotando depressa,/ De espada na cinta, barrete na mão;/ Prostravam-se ante eles fazendo caretas,/ Com grã devoção.// E o filho dos ermos, do monte rolando,/ Puxou pela faca, de grande extensão;/ Caiu como o cisne que toca trombeta,/ De venta no chão.// E lá pelos polos, de gelo abrasados,/ Eu vi Napoleão/ Puxando as orelhas ao fero Sansão,/ E um lindo mancebo de nobre feição/ Brincando entre as pernas do rei Salomão".

curso de Direito em 1852. Neste ano, Bernardo publica *Cantos da solidão* e começa uma outra rotina em Catalão, no interior de Goiás, onde vai ocupar os cargos de juiz municipal e delegado.

Em 1854, está de volta a Ouro Preto, onde nascera em 1825. Há uma certa hesitação no caminho a seguir: Bernardo muda-se para o Rio de Janeiro em 1858, e trabalha no jornal *A Atualidade*, onde acha espaço para escrever crítica literária. Neste mesmo ano, um novo conjunto de poemas intitulado *Inspirações da tarde* justifica a republicação de *Cantos da solidão*. Em 1861, retorna a Catalão, nomeado outra vez juiz municipal. Três anos depois, está de volta ao Rio de Janeiro como cronista político do *Jornal do Comércio*. Nesse período (1864—1866) encontra com alguma frequência Machado de Assis, jornalista do *Diário do Rio*; é que os dois escritores estavam encarregados por seus jornais do noticiário do Senado. Em 1865 o volume *Poesias* sai pela Garnier, com o acréscimo das seções "Poesias Diversas" (em que figuram "A orgia dos duendes" e os poemas humorísticos), "Evocações", "A baía de Botafogo" aos poemas já publicados (*Cantos da solidão, Inspirações da tarde*). A nova tentativa de uma carreira jornalística não dura muito. Em 1866, o poeta fixa-se definitivamente em Ouro Preto. Daí em diante, BG vive num certo isolamento em relação a círculos de intelectuais e artistas. Afinal resolve-se pelo magistério ou é levado a ele, tornando-se professor de Gramática, Filosofia e Retórica do Liceu Mineiro. Mais adiante, será professor na cidade de Queluz, hoje Conselheiro Lafaiete. *O ermitão de muquém*, editado pela Garnier em 1869, dá início à produção do BG fic-

INTRODUÇÃO

cionista e à sua transformação em autor de romances feitos para agradar o reduzido público leitor da época: *O garimpeiro, A escrava Isaura, O seminarista*.

Dirigida a um público inevitavelmente mais seleto e contrastando com os romances bem comportados do autor de *A escrava Isaura*, a edição clandestina de *Elixir do pajé* e *A origem do mênstruo* sai em 1875.[5] Enquanto isso, a obra lírica, de qualidade entre média e medíocre, entra em declínio acentuado como mostram os poemas de seu último livro *Folhas de outono*, publicado em 1883. É deste mesmo ano o romance *Rosaura, a enjeitada*. Afinado com o teor sentimental do livro, Bernardo transpõe para as personagens de Azevedo e Aurélio, respectivamente, um retrato ameno de Álvares de Azevedo e Aureliano Lessa. Com a mesma ligeireza, desenha também seu autorretrato na personagem de Belmiro e deixa Azevedo descrevê-lo "com cara de lobisomem". Se o leitor não encontra aí uma menção sequer aos desvarios que fizeram a fama da Sociedade Epicureia, vários escritos e anotações biográficas sobre BG estão repletos dos "casos" que compõem a imagem lendária do autor: as orgias da Sociedade Epicureia, a absolvição dos onze réus expostos a maus tratos na cadeia de Catalão, a convivência com foras da lei no sertão goiano etc. Em contrapartida, pouco se sabe a respeito das circunstâncias de publicação de *Elixir do pajé* e *A origem do mênstruo*, nem há notícias da existência de inéditos ou de alguma reunião de manuscritos.

---

[5]Idem, pp. 113—114. Basílio chega a fixar com precisão a data da publicação das duas sátiras escatológicas: sete de maio de 1875.

DUDA MACHADO

A contribuição de Bernardo para esse estado de coisas parece decisiva, pois são vários os testemunhos sobre o estado de bagunça permanente dos papéis do escritor.[6] Os últimos registros sobre a vida do poeta falam da homenagem que lhe foi prestada por D. Pedro II na Ouro Preto de abril de 1881. Um pouco menos de três anos depois, no dia 10 de março de 1884, Bernardo Guimarães morre em sua casa no Alto das Cabeças. Hoje, quando apreciamos a qualidade da poesia humorística de Bernardo, pode-se lamentar que ela seja tão pouca. É possível que a censura, a necessidade de recorrer às edições clandestinas, a subestimação vigente da poesia humorística e da sátira escatológica, o êxito dos romances e até mesmo o prestígio da lírica tenham levado, pelo menos em parte, o poeta a não empregar o melhor de seu talento com mais constância.

DO CÂNONE ROMÂNTICO À REAVALIAÇÃO

A reavaliação da poesia humorística de Bernardo começa, ao que tudo indica, com o artigo "Poética Sincrônica" no qual Haroldo de Campos argumentava em favor da importância da "parte burlesca, satírica, de

---

[6]Uma "lenda" ilustra o desmazelo do poeta. Quando escrevia *Maurício ou Os paulistas em São João del Rei* (1877), o papel acaba. Bernardo passa a escrever nas margens de jornais velhos. Quando o editor Garnier pede com urgência a remessa do manuscrito, não hesita: enrola a parte manuscrita junto com a redação feita nas margens dos jornais num saco de aninhagem. O romance só ficaria pronto quatro meses depois.

INTRODUÇÃO

'bestialógico' e 'nonsense' " da poesia de Bernardo Guimarães.[7] Algum tempo depois, Flora Süssekind expôs o abandono pela crítica de "uma obra poética dotada de dimensão crítico-humorística incomum em meio aos indianismos, arroubos de eloquência e subjetividades lacrimejantes do romantismo brasileiro".[8] Esta observação foi aprofundada por Luiz Costa Lima, ao examinar os padrões de avaliação crítica do romantismo. Depois de assinalar a exclusão do humor como "critério de valorização do poético" por José Veríssimo, o ponto central da argumentação de Costa Lima está em mostrar que a identidade de juízos por parte de críticos tão diferentes como Veríssimo e Sílvio Romero residia num critério que vai constituir um aspecto decisivo para a "formação do cânone literário nacional": o entendimento da literatura como "instrumento para a correta modelagem do cidadão". E acrescenta: "O que vale dizer, tanto para seu rumo interno como para a construção nacional. Por efeito desse segundo aspecto, o apreço da moral se conjugava ao louvor da natureza, cuja presença observada e então escrita, asseguraria a nota tropical que nos diferencia".[9] No entanto a crítica à desvalorização do humor pelo cânone romântico deixa aberta a necessidade de avaliar a produção humorístico-satírica de Bernardo

---

[7]Haroldo de Campos. "Poética sincrônica". In: *A arte no horizonte do provável*. São Paulo: Perspectiva, 1969, pp. 211—212.

[8]Flora Süssekind. "Bernardo Guimarães: romantismo com pé-de-cabra". In: *Papéis colados*. Rio de Janeiro: Editora da UFRJ, 1993, pp. 139—150.

[9]Luiz Costa Lima. "Bernardo Guimarães e o cânone". In: *Pensando nos trópicos*. Rio de Janeiro: Rocco, 1991, pp. 241—242.

Guimarães como um momento de sua interpretação. Depreciada ao longo do processo de formação e consolidação do cânone literário brasileiro, parte decisiva dessa produção caracterizou-se pela investida crítica ante aspectos importantes do romantismo e pela demolição de seus clichês.

O DUPLO ATAQUE

Poemas como "Elixir do pajé", "Lembranças do nosso amor", "Soneto" mostram a capacidade crítica do autor de divertir-se às custas do romantismo. Em "A orgia dos duendes" esta capacidade crítico-humorística, como iremos ver, atinge uma notável complexidade. Nesta mesma faixa, pode-se acrescentar algumas estrofes da 2ª parte de "O nariz perante os poetas" (1858). É na 2ª e 3ª estrofes da primeira parte deste poema que se encontra igualmente o ataque paródico-satírico às imagens petrarquistas e neoclássicas para a composição do retrato da beleza feminina. A estratégia adotada pelo poema está em consumar a impossibilidade do elogio ao nariz através do fracasso reiterado das tentativas de celebrá-lo até que se imponha a conclusão: "Está decidido — não cabes em verso,/ Rebelde nariz". Já a 2ª parte do poema satiriza as metáforas inovadoras do romantismo ("Vou arrojar-me pelo vago/ Dessas comparação que a trouxe-mouxe/ Do romantismo o gênio cá nos trouxe") e o culto romântico da imaginação: "E à fantasia as rédeas sacudindo/ Irei, bem como um cego,/ Nas ondas me atirar do vasto pego,/ Que as românticas musas desenvoltas/ Costumam navegar a velas soltas".

INTRODUÇÃO

Como parte do jogo, o final do poema volta a depreciar o nariz, mas ao preço de arrastar consigo a irrisão dos símiles românticos para o retrato da amada: "Pra rematar tanta peta/ O nariz será trombeta…"

A MUSA CATASTRÓFICA:
A PARÓDIA PELA METADE

José Veríssimo, Antonio Candido e Luiz Costa Lima assinalaram, de maneiras distintas, a marca neoclássica nos poemas do romântico Bernardo Guimarães. Para Costa Lima, os versos líricos de BG "nunca estiveram à vontade na dicção do romantismo normalizado. E isso porque apareciam investidos de um perfil neoclássico. Vemo-lo na predominância seguida das alegorias e no trato da natureza". De acordo com o crítico, a dissonância em relação ao romantismo conduz o poeta à "agressão declarada aos modelos vigentes. Paródia, desde logo, contra a própria demanda neoclássica de *topoi*, cujo abuso os convertia em gastos clichês".[10] E cita "O nariz perante os poetas". No entanto, mesmo na poesia humorística de BG, nota-se o aprisionamento aos moldes neoclássicos. Na 2ª parte de "À saia balão" (1859), por exemplo, o riso satírico deixa-se dissolver pela dicção neoclássica em trechos que incluem até mesmo o elogio da beleza clássica em duas estrofes que trazem, respectivamente, esses versos iniciais: "Pudesse eu ver-te das belezas gregas,/ Quais as figuram mármores divinos" e "Em simples trança no alto da cabeça,/ As fúlgidas madeixas apanhadas".

[10]Idem. As duas citações estão na p. 245.

Mas é em "Dilúvio de papel — Sonho de um poeta jornalista" (1859—60) que se constata a marca resistente do neoclassicismo, justamente porque a paródia estilística da dicção neoclássica não consegue se sustentar e dá margem à ressurreição daquilo que era seu objeto de zombaria. O fracasso do poema está nesta inversão. Após a inflexão humorística da 1ª parte que mostra o jornalista-poeta após seu pesadelo apocalíptico, o tom prosaico da estrofe em que o poeta fala de seu trabalho e de seu quarto, vem realçar o toque paródico da 2ª parte. Aí, na última estrofe, um engano visual dá vez ao rebaixamento da Musa: "Cuidei que era uma estátua ali deixada/ .../ Pela fúria dos ventos abalada// Tombou do pedestal". Na 3ª parte, o canto da Musa é um desmentido paródico-satírico a seu "mavioso canto", anunciado antes. Em lugar das "melífluas canções", a Musa ataca o "desertor do Parnaso" que a trocara pela "insulsa e fria prosa" do jornalismo. No entanto, "Ária", ao manter por oito estrofes a elocução neoclássica, interrompe o jogo paródico, mostra-se redundante em relação ao "Recitativo" e prejudica também o efeito cômico da sequência anterior. O vaivém entre paródia e recaída na dicção classicizante instala-se, fazendo o poema vacilar. A comicidade retoma seus direitos na 4ª parte quando o canto da Musa, ao invés de encantar o poeta-jornalista, causa-lhe medo. Mas logo, na 5ª parte, o elogio em tom neoclássico do poeta à Musa expande-se ao longo de dez penosas estrofes e tem lugar o desastre. É ainda nesta parte que a recaída chega ao fim com a nova inflexão conferida pelas interpelações dirigidas à Musa a partir da 8ª estrofe. Nessa nova sequência, quando o poeta mostra à Musa sua nulidade, a 20ª estrofe mostra-se exemplar: "Esse ofício que ensinas, já não presta;/ Vai tocar tua lira em outras partes;/ Que aqui nessas paragens só têm voga/ Comércio, indústrias e artes". A sátira se reapruma entre os destroços que acumulou e começa a redimir-se na 6ª parte, com a reviravolta na condição da musa: seu canto que antes enfeitiçava amorosamente a natureza, agora perturba-a: "Os trépidos regatos, e os rochedos/ Parece que de horror estremeceram".

Enfim a persistência do leitor é recompensada na 7ª parte, com a vingança da Musa e o tratamento cômico do dilúvio de papel. Aí tem lugar a invenção notável em que o dilúvio-pesadelo se concretiza nos decassílabos da montagem de títulos dos jornais. Modulação dos versos, humor e imaginação integram-se numa série de episódios de tessitura admirável: a luta contra o cerco da papelada "co'a ponta da bengala", as nuvens de jornais encobrindo o continente americano, a Musa navegando sobre as "ondas de papel", o episódio da caixa de fósforos e a revanche final do anti-herói. Não há qualquer excesso em afirmar uma certa autonomia dos últimos episódios do poema que, apesar dessa condição de fragmento, está muito acima da maior parte do que pôde produzir o romantismo brasileiro. Seja como for, o conflito entre as poéticas do neoclassicismo e do romantismo na lírica de BG vai expandir-se em "Dilúvio de Papel" num conflito em relação ao próprio neoclassicismo como revelam as recaídas na dicção neoclássica em meio à sua paródia. A tensão exercida pelo neoclassicismo na poesia de Bernardo repercute em duas frentes: infiltra-se em sua lírica, retirando-lhe a integridade ro-

DUDA MACHADO

mântica e oferece resistência às investidas paródicas da poesia humorístico-satírica.

ROMANTISMO, NONSENSE E PARÓDIA

A prática do "bestialógico-pantagruélico" pelo grupo romântico paulista recebeu, segundo Antonio Candido, a influência das décimas do Sapateiro Silva, "recolhidas pela primeira vez no *Parnaso brasileiro* de Januário da Cunha Barbosa (1829—1830), que logo se esgotou; e de novo em 1845 no *Florilégio da poesia brasileira*, de Varnhagen, que os rapazes devem ter lido".[11] O "bestialógico-pantagruélico" está presente em apenas seis poemas de BG. Embora tão poucos, pode-se surpreender uma diferença básica entre eles. Enquanto "Mote estrambótico" e "Disparates rimados" pertencem a um jogo radical de *nonsense*, "Lembranças do nosso amor", "Soneto" e "Parecer da Comissão de Estatística a respeito da freguesia de Madre-de-Deus-do-Angu" misturam sátira, paródia e *nonsense*. Essa mesma aliança pode ser encontrada numa série de poemas de *Alice no país das maravilhas* e *Através do espelho*, de Lewis Carroll, como observa Martin Gardner em sua edição anotada destes livros.[12] Para Gardner não se trata de uma cons-

[11] Antonio Candido. "A Poesia Pantagruélica". In: *O discurso e a cidade*", 3ª edição. São Paulo/Rio de Janeiro: Duas Cidades/Ouro Azul, 2004, p. 199.

[12] Martin Gardner. *The Annotated Alice*. New York: Meridian, 1974, pp. 1—10. O autor teve o cuidado de citar os poemas e canções populares que são parodiados por Lewis Carrol, já que a maior parte deles, bastante conhecida pelos leitores da época, hoje está esquecida. Entre os poemas mais célebres, visados pela paródia

INTRODUÇÃO

tante, pois a obra-prima "Jabberwocky", por exemplo, escapa à determinação de ser "em algum sentido uma paródia". No caso de BG, Basílio da Gama identifica em "Lembranças do nosso amor" uma paródia da modinha de Aureliano Lessa com o mesmo título, contudo o alcance do poema é bem mais amplo na medida em que satiriza o sentimentalismo amoroso da saudade, tão explorado pelo romantismo brasileiro. A gratuidade e a incongruência cômicas dão início à primeira estrofe: "Qual berra a vaca do mar/ dentro da casa do Fraga". Os disparates culminam no choque humorístico e dessublimador entre a trivialidade e indiferença da "ação" da amada e a saudade do amante: "Assim do defluxo a praga/ Em meu peito vem chiar./ É minha vida rufar,/ Ingrato, neste tambor!/ Vê que contraste do horror;/ Tu comendo marmelada,/ E eu cantando, aqui, na escada/ Lembranças do nosso amor".[13]

---

aliada ao *nonsense* em *Alice no país das maravilhas*, estão: "Against Idleness and Mischief" de Isaac Watts (parodiado em "How doth the little crocodile" "no capítulo "The pool of tears") e "The Old Man's Comforts and How He Gained Them" de Robert Southey (parodiado em "You are old, Father William" no capítulo "Advice from a Caterpillar"). Em *Through the Looking-Glass*, "I give thee all, I can no more" é paródia de "Resolution and Independence" de Wordsworth (no capítulo "It's my own invention"). A canção-convite para o jantar com a Rainha Vermelha e a Rainha Branca no capítulo "Queen Alice" parodia o poema "Bonny Dundee" da peça *The Doom of Devorgoil* de Walter Scott.

[13]Veja-se essa estrofe da modinha de Lessa: "O meu destino é cismar/ Ingrata, no teu rigor;/ Vê que contraste de horror:/ Tu na minha alma gravada,/ Da tua mente apagada,/ Lembranças do nosso amor". A estrofe está citada no livro de Carlos Didier: *Orestes Barbosa: repórter, cronista e poeta*. Rio de Janeiro: Agir, 2005, p. 31.

O tratamento burlesco — através do disparate — do descompasso entre um passado amoroso e um presente doméstico decepcionante guarda a chave da construção do ambiente semântico do poema. Na 2ª estrofe, o disparate dos versos iniciais conduz à alusão sexual de um "favor": "E, quando chega o momento/ De te pedir um favor,/ Alta noite com fervor/ Canto nas cordas de embira/ Da minha saudosa lira,/ Lembranças do nosso amor!". Na 3ª estrofe, as alusões equívocas do "eu humorístico" a seu desejo, frustrado pela mulher com quem vive, associam-se ao mal-estar físico: "Mulher, a lei do meu fado/ É o desejo em que vivo/ De comer um peixe esquivo,/ Inda que seja ensopado./ Sinto meu corpo esfregado/ E coberto de bolor...". Por fim, a amada é substituída pela evocação de Margarida e Leonor; com a exclusão da amada, o refrão se desmantela: "Meus Deus! Como faz calor!/ Ai! que me matam, querida,/ Saudades de Margarida,/ Lembranças de Leonor!". Na última estrofe, o conjunto articulado de alusões equívocas em que a aliança entre a paródia e *nonsense* se sustentava, se desfaz e o *nonsense* torna-se soberano com a evocação da morte: "O anjo da morte já pousa/ Lá na estalagem do Meira/ E lá passa a noite inteira/ Sobre o leito em que repousa". Aqui pode-se apenas observar que a morte só aparece após o fim das alusões ao desejo sexual. Por sua vez, o refrão "lembranças do nosso amor" é retomado para consumar, numa manobra de contrassenso, a expulsão do tópico que parodia: "E, por um grande favor,/ Manda ao diabo a saudade,/ E afoga, por amizade,/ Lembranças do nosso amor".

VISIONARISMO E NONSENSE: UMA PARÓDIA DE VICTOR HUGO

As alusões e associações incongruentes promovidas pelos disparates de "Soneto" integram-se a um esquema de desenvolvimento bastante nítido que vai desde a visão sobrenatural do gigante alado até a interpelação pelo eu visionário e a resposta do "sofisma ensanguentado", cujo aparecimento substitui a visão inicial do gigante. Assim o *nonsense* parece dirigir-se a um tipo de discurso constituído pela experiência visionária. Surge então a suspeita de paródia. Mas a hipótese de uma paródia do condoreirismo levantada por Basílio de Magalhães foi definitivamente afastada por Antonio Candido,[14] pois "Soneto", datado de 1845, antecede em vinte anos Castro Alves. Também não se trata do Victor Hugo tribuno público e patrono do condoreirismo. Há, é claro, um outro Hugo, cuja poesia Augusto Meyer descreve assim: "uma serrania de antíteses, uma torrente fragorosa e às vezes impura de alexandrinos, com muito dó de peito e eloquência, [...] Por mais que ainda assim abusasse do abismo, do infinito, do absoluto, e, empolado de caos e vazio, vociferasse estranhas interpelações aos quatro ventos do espírito, que versos prodigiosos então lhe acudiam..." [15]

Essa poética visionária se apresenta como objeto de zombaria desde a 1ª estrofe de "Soneto": "Eu vi dos polos o gigante alado,/ Sobre um montão de pálidos coriscos,/ Sem fazer caso dos bulcões ariscos/ Devorando

---

[14] Antonio Candido, op. cit., pp. 204—205.

[15] Augusto Meyer. *Textos críticos*. Org. de João Alexandre Barbosa. Perspectiva/INL, 1986, "Hugo", pp. 451—453.

DUDA MACHADO

em silêncio a mão do fado!". Nesse último verso a catacrese se torna, por assim dizer, literal ao ser devorada e os dois primeiros versos da 2ª estrofe completam com leveza o *nonsense*, sob a aparência de uma certa continuidade, formado pela incongruência do tipo de alimento e por um banquete aéreo: "Quatro fatias de tufão gelado/ Figurava da mesa entre os petiscos;". O toque seguinte será o de salto brusco que amplia o *nonsense*: "E, envolto em manto de fatais rabiscos,/ Campeava um sofisma ensanguentado!". O jogo burlesco com o sentido desdobra-se na associação entre enigma ("envolto em manto" e "fatais rabiscos"), fraude lógica (sofisma) e dramaticidade (fatais, ensanguentado) para compor o arremedo de uma visão enigmática, levando adiante a decomposição humorística da linguagem do *páthos* visionário. Guiada pelo *nonsense*, a paródia do tom grandiloquente se renova nos tercetos. No primeiro, os disparates da apóstrofe correspondem à expectativa de que o ser sobrenatural revele sua natureza: " 'Quem és, que assim me cercas de episódios?'/ Lhe perguntei, com voz de silogismo,/ Brandindo um facho de trovões seródios". Requinte do *nonsense*: a "voz de silogismo" interroga o "sofisma ensaguentado". Silogismo e sofisma são achados de uma operação de *nonsense* que se diverte em nomear, com uma ponta metalinguística, a contravenção da lógica. Pode-se admirar também uma espécie de curto-circuito no verso "Brandindo um facho de trovões seródios" na medida em que somos levados a toda velocidade da simulação de dramaticidade ("Brandindo um facho de trovões") ao desgaste dessa própria imagem ("seródios). Na resposta igualmente magnífica,

INTRODUÇÃO

temos o arremedo da proclamação retumbante de um feito glorioso: "'Eu sou', — me disse — 'aquele anacronismo,/ Que a vil coorte de sulfúreos ódios/ Nas trevas sepultei de um solecismo..." Vale ainda observar que "seródios" da estrofe anterior é a rima semântica para "anacronismo". Da interrogação à resposta, os disparates ridicularizam a grandiloquência visionária. Resta fazer a tentativa de validar a hipótese de paródia a Victor Hugo.[16]

Os alexandrinos do poema "La Pente de la Rêverie" (*Les feuilles d'automne*, 1832) reúnem exemplarmente os aspectos temático e textual do visionarismo hiperbólico de Victor Hugo: a experiência visionária, o enigma do tempo e do espaço junto à tentativa de sondá-lo, o final retumbante. "La Pente de la Rêverie" começa pela advertência ao leitor a respeito do impacto causado pelo *enigma fatal* que provoca a viagem do "mundo real à esfera invisível": "Et, pour avoir touché quelque *énigme fatale*,/ De ce voyage obscur souvent on revient pâle!"[17] A visão irrompe na 2ª estrofe, abarcando vivos e mortos:

[16]A ligação de alguns poemas de Bernardo com Victor Hugo é bem conhecida. Além disso, há várias várias epígrafes de Hugo. É o caso de "O devanear do cético" e "Esperança" em *Cantos da solidão* (1852), da epígrafe inicial de *Inspirações da tarde* (1865) e, no mesmo livro, das duas epígrafes de "Hino do Prazer". O poema imitado de Victor Hugo em "Utinam" ("Poesias diversas") é "A une femme" de *Les feuilles d'automne*: basta comparar sua 1ª estrofe ("Enfant ! si j'étais roi, je donnerais l'empire,/ .../ Et ma couronne d'or, et mes bains de porphyre,/ Et mes flottes, à qui la mer ne peut suffire,/ Pour un regard de vous!") às estrofes iniciais de "Utinam".

[17]"E, por ter tocado um enigma fatal/ Desta viagem obscura muitas vezes volta-se pálido!"

"Alors, dans mon esprit, je vis autour de moi/ [...]/ Ils étaient bien là tous, je voyais leurs visages,/ Tous, même les absents qui font de longs voyages/ Puis, tous ceux qui sont morts vinrent après ceux-ci".[18] Na 3ªestrofe, a visão se expande (*Les deux pôles! le monde entier! la mer, la terre,*")[19] até alcançar toda a história humana. Com o fim da visão, vem o desafio de decifrar seu "enigma fatal": "Oh! cette double mer du temps et de l'espace/ (...)/ *Je voulus la sonder, je voulus en toucher*".[20] No final retumbante, o eu visionário precipita-se no abismo do inefável: "Soudain il s'en revint avec un cri terrible,/ Ebloui, haletant, stupide, épouvanté,/ Car il avait au fond trouvé l'éternité".[21] Os três aspectos centrais do poema de Hugo são reconfigurados parodicamente no "Soneto" de Bernardo: 1) a experiência visionária: "Eu vi dos polos o gigante alado"; 2) o teor enigmático da visão: "Envolto em manto de fatais rabiscos" e o desafio de decifrá-la: "Quem és, que assim me cercas de episódios"; 3) o final retumbante: " 'Eu sou', — me disse — 'aquele anacronismo,/ Que a vil coorte de sulfúreos ódios/ Nas trevas sepultei de um solecismo...' " O poema "Les soleils couchants" (também de *Les feuilles d'automne*) une as imagens dos "pálidos coriscos"

[18]"Então, em meu espírito, vi a meu redor [...]/ Estavam todos ali, eu via seus rostos,/ Todos, mesmo os ausentes que fazem longas viagens/ A seguir, vieram todos aqueles que estão mortos."

[19]"Os dois polos! o mundo inteiro! o mar, a terra."

[20]"Oh! este duplo mar do tempo e do espaço (...)/ Eu tentei sondá-lo, eu tentei tocá-lo."

[21]"Súbito ele retornou com um grito terrível,/ Ofuscado, ofegante, estúpido, espantado,/ Pois no fundo ele tinha encontrado a eternidade."

("pâles éclairs") e do "gigante alado" ("géant de l'air"): "Sous leurs flots par moments flamboie un *pâle éclair.*/ Comme si tout à coup quelque *géant de l'air*/ Tirait son glaive dans les nues".[22] Em Bernardo: "Eu vi dos polos *o gigante alado*/ Sobre um montão de *pálidos coriscos*". Os fechos retumbantes são frequentes nos poemas de Hugo que encenam a escuta ou a conversa com vozes que personificam elementos da natureza,[23] devidamente arremedados no "Soneto" em que o "gigante alado" e o "sofisma ensanguentado" atingem em cheio a figura da prosopopeia.

A CONSTRUÇÃO DO NONSENSE EM "MOTE ESTRAMBÓTICO" E "DISPARATES RIMADOS"

Vimos como a paródia estabelece, em meio à incongruência cômica, a continuidade temática e semântica de "Soneto" e "Lembranças de nosso amor". Bem diferente é o caso de "Mote estrambótico" e "Disparates

[22]"Sob suas ondas por instantes flameja um pálido relâmpago./ Como se de repente algum gigante do ar/ Empunhasse seu gládio nas nuvens."

[23]"Moise sur le Nil" (*Odes et Ballades*) tem um encerramento grandiloquente: "*Mortels, vous dont l'orgueil méconnait l'Éternel,/ Fléchissez: un berceau va sauver Israël,/ Un berceau doit sauver le monde!*". Em "Vision" o diálogo entre Deus e o século é arrematado assim: "*Et comme l'ouragan qui ronde/ ... / Longtemps la Voix inexorable/ Poursouivit le Siècle coupable,/ Qui tombait dans l'Éternité.*" Em "Un jour au mont Atlas" (*Les Feuilles d'Automne*), as colinas invejosas interrogam o monte sobre o porquê de seus abismos, águias e tempestades até a resposta triunfal de Atlas: "*C'est que je porte un monde*".

rimados". Boa parte da 1ª estrofe de "Mote estrambótico" deixa-se entender como o desenvolvimento humorístico de uma fórmula sentenciosa que associa coriscos, raios e paios, por amor à rima e à paronomásia: "Gema embora a humanidade/ Caiam coriscos e raios,/ Chovam chouriços e paios/ Das asas da tempestade,/ — Triunfa sempre a verdade,/ Com quatro tochas na mão". Nos últimos versos da glosa, uma anedota estapafúrdia simula uma ilustração da fórmula sentenciosa: "O mesmo Napoleão/ Empunhando um raio aceso,/ Suportar não pôde o peso/ Das costelas de Sansão". Nas décimas das outras glosas, a fórmula sentenciosa é abandonada para seguir o modelo da anedota sem pé nem cabeça do Mote. Na 2ª estrofe encontramos uma espécie de inversão do esquema da primeira: a anedota estapafúrdia, construída à maneira de uma história infantil, é interrompida pelos quatro versos finais que fornecem uma instrução *nonsense*, uma aparência maluca de sentido: "Dizendo, muito lampeiro/ Que para matar um carneiro,/ Em vez de pegar no mastro,/ Do nariz do Zoroastro,/ Fez Ferrabrás um ponteiro". Por sua vez, a anedota da 3ª estrofe começa apenas com um lance humorístico: "Diz a folha de Marselha/ Que a imperatriz da Mourama,/ Ao levantar-se da cama,/ Tinha quebrado uma orelha,/ Ficando manca a parelha". Em seguida, tal como na 2ª estrofe, o *nonsense* é intensificado ao forçar a ligação entre dois acontecimentos alheios um ao outro através da cláusula "É isto mui corriqueiro": "É isto mui corriqueiro/ Numa terra, onde um guerreiro,/ Se tem medo de patrulhas,/ Gasta trinta mil agulhas,/ Só para coser um cueiro".

INTRODUÇÃO

Tanto na 2ª quanto na 3ª estrofe, o *nonsense* se intensifica, não para fugir ao sentido, mas para forjar arbitrária e gaiatamente uma aparência de sentido. Na última estrofe, tem curso uma nova variação: "Quando Horácio foi à China/ Vender sardinhas de Nantes,/ Viu trezentos estudantes/ Reunidos numa tina./ Mas sua pior mofina,/ Que mais causou-lhe aflição,/ Foi ver de rojo no chão/ Noé virando cambalhotas/ E Moisés calçando as botas/ Do filho do Salomão". Desta vez, o *nonsense* não procura dar coesão aos acontecimentos listados pela anedota e sim emprestar uma continuidade de sentimento à figura de Horácio através dos advérbios de modo e de intensidade.

"Disparates rimados" começa com a transição veloz do *nonsense* de uma anedota de teor "maravilhoso" para o *nonsense* de uma anedota do "baixo cotidiano": "Quando as fadas do ostracismo,/ Embrulhadas num lençol,/ Cantavam em si bemol,/ As trovas do paroxismo,/ Veio dos fundos do abismo/ Um fantasma de alabastro/ E arvorou no grande mastro/ Quatro panos de toicinho,/ Que encontrara no caminho/ Da casa do João de Castro". A anedota *nonsense* prossegue na 2ª estrofe: "Nas janelas do destino,/ Quatro meninos de rabo/ Num só dia deram cabo/ Das costelas de um Supino./ Mandou o rei dos Amores/ Que se tocassem tambores/ No alto das chaminés/ E ninguém pusesse os pés/ Lá dentro dos bastidores". Veja-se o achado humorístico do verso "Das costelas de um Supino", em que o adjetivo "supino" é promovido a substantivo. Se o *nonsense* das duas primeiras estrofes baseia-se na falta de conexão dos episódios, a 3ª estrofe brinca de modo gaiato com a aparência de conferir sentido à 2ª estrofe, ao explicitar sua origem: "Mas este caso nefando/ Teve a sua nobre origem/ Em uma fatal vertigem/ Do famoso Conde Orlando./ Por isso, de vez em quando,/ Ao sopro do vento sul,/ Vem surgindo de um paul/ O gentil Dalailama,/ Atraído pela fama/ De uma filha de Irminsul". Estes versos criam uma dupla conexão *nonsense*: 1) ao fazer da "fatal vertigem" do Conde Orlando a explicação pela origem do "caso nefando" da estrofe anterior; 2) ao fazer da mesma "fatal vertigem" a "causa episódica" ("Por isso, de vem em quando") da aparição do Dalailama.

A ligação *nonsense* entre episódios que nada têm a ver um com o outro e em que cada um deles vem tecido pelo disparate, mostra que o *nonsense* reside aqui, como antes em "Mote Estrambótico", na construção vazia de um excesso de sentido. Este jogo do *nonsense* com a atribuição de sentido reaparece na 4ª estrofe em que, de novo uma conjunção conclusiva — "portanto" — faz as vezes de um raciocínio que simula a ligação da nova anedota com a anedota anterior: "Corre também a notícia/ Que o Rei Mouro, desta feita,/ Vai fazer grande colheita/ De matéria vitalícia./ Seja-lhe a sorte propícia,/ É o que mais lhe desejo./ Portanto, sem grande pejo,/ Pelo tope das montanhas,/ Andam de noite as aranhas/ Comendo as cascas de queijo". Uma variante do *nonsense* obtido pela convocação explícita do sentido ocorre nas duas últimas estrofes. No início da penúltima estrofe, tem-se o arremedo disparatado de uma definição: "O queijo — dizem os sábios —,/ É um grande epifonema,/ Que veio servir de tema/ De famosos alfarrábios". Esse *nonsense* pela contrafação de sentido é contrastado ime-

INTRODUÇÃO

diatamente com o *nonsense* que sugere uma fórmula mágica ou artigo de bruxaria e prossegue até o caos cômico: "Dá três pontos nos teus lábios,/ Se vires, lá no horizonte,/ Carrancudo mastodonte,/ Na ponta de uma navalha,/ Vender cigarros de palha,/ Molhados na água da fonte..." Por fim, vêm os disparates que começam jogando com uma explicação aparentemente razoável (dores de barriga/ lombrigas) até chegar ao completo desatino: "Há opiniões diversas/ Sobre dores de barriga:/ Dizem uns que são de lombrigas;/ Outros — que vêm de conversas". Em seguida, o disparate é intensificado pela identificação da origem do "sintoma" das tais "dores de barriga": "Porém as línguas perversas/ Nelas veem grande sintoma/ De um bisneto de Mafoma,/ Que, sem meias, nem chinelas,/ Sem saltar pelas janelas,/ Num só dia foi à Roma". Tanto nas análises da 3ª estrofe de "Mote estrambótico" quanto nas da 3ª e da 4ª de "Disparates rimados", vimos que o aspecto mais saliente do *nonsense* consiste numa *doação de sentido* destinada a estabelecer uma *conexão* entre dois episódios alheios um ao outro, narrados quer na mesma estrofe, quer em estrofes vizinhas (como é o caso da relação da 3ª com a 2ª estrofe em "Disparates rimados"). Ao explicitar os procedimentos empregados para a construção do *nonsense* nesses poemas, nossa análise nos levou à interpretação de Gilles Deleuze.[24]

[24]Em *Lógica do sentido*, Gilles Deleuze formula sua intepretação do *nonsense*: "Assim como Jakobson define um fonema zero que não possui nenhum valor fonético determinado, mas que se opõe à *ausência de fonema* e não ao fonema, da mesma forma o não-senso não possui nenhum sentido particular, mas se opõe à

DUDA MACHADO

ELIXIR DO PAJÉ:
A ARTE DA VERSIFICAÇÃO

Na sátira ao indianismo de "Elixir do pajé", a paródia estilística de Gonçalves Dias não se esgota em seus aspectos já conhecidos como o uso do redondilho menor do canto iv de "I-Juca Pirama" e de "O canto do guerreiro". Estende-se a outros procedimentos característicos de Gonçalves Dias como o uso da anáforas, as perguntas retóricas, as apóstrofes. Mais ainda, a construção de "Elixir do pajé" constitui uma réplica às transições rítmico-métricas e à sua interação com as mudanças nas situações narrativas de "I-Juca Pirama". Não se pretende aqui exagerar a importância modesta de "Elixir do pajé". Parte de seu valor está vinculado ao reconhecimento pela crítica da falsificação pelo indianismo romântico de uma raiz da identidade cultural brasileira. A importância deste aspecto merece ser reiterada quando sabemos que os modernistas brasileiros, igualmente empenhados na construção de uma identidade cultural brasileira, foram levados aqui e ali a satirizar o indianismo e, desse modo, distinguir-se do empreendimento tentado pelo romantismo. Mas a comicidade do poema de Bernardo vai além e sua arte da versificação merece ser apreciada em termos de uma construção que rivaliza com a de "I-Juca Pirama". Como se sabe, o poema de Gonçalves

---

ausência de sentido e não ao sentido que ele produz em excesso sem nunca manter com seu produto a relação simples de exclusão à qual gostaríamos de reduzi-lo. O não-senso é ao mesmo tempo o que não tem sentido, mas que como tal, opõe-se à ausência de sentido, operando a doação de sentido. E é isto que é preciso entender por *nonsense*". (p. 74).

INTRODUÇÃO

Dias possui uma forte diversidade métrico-rítmica com estrofes formadas respectivamente por endecassílabos, alternância entre decassílabos e quatro sílabas, decassílabos, eneassílabos, redondilhos menores e maiores, alternância entre endecassílabos e quatro sílabas. É a essa variação que Bernardo Guimarães responde com maestria com outras transições rítmico-métricas. Eis o esquema desse movimento:

1. A 1ª estrofe é feita de decassílabos, enquanto na 2ª e na 3ª há a alternância de decassílabos e um hexassílabo final. Com as apóstrofes de lamentação do pajé pela perda de potência de seu caralho, começa o movimento de apóstrofes do poema.

2. Da 4ª estrofe até a 12ª, com exceção da 8ª, mantém-se a alternância rítmico-métrica de decassílabos e hexassílabos. Nessas estrofes de extensões variadas (10, 5, 12, 6, 4, 16 versos), o pajé dirige-se à sua "inútil lâmpada apagada".

3. A exceção rítmico-métrica da 8ª estrofe, com o redondilho maior e o menor, está justificada pelo parênteses introduzido pelo pajé em sua fala: "Porém não é tempo ainda/ de esmorecer/ pois que teu mal ainda pode/ alívio ter".

4. Na 9ª estrofe, há uma transição no movimento de apóstrofes que passam da lamentação à exortação dirigida ao caralho.

5. Da 10ª até a 12ª estrofe, o eu-narrador conta a história do "pajé sem tesão", desde a descoberta

do elixir até o pacto com o demônio e o renasci-
mento de seus "brios".

6. Da 13ª estrofe até a 17ª, uma nova transição
rítmico-métrica se integra a um novo movi-
mento narrativo: a celebração das proezas fálicas
do pajé. Aí está a famosa paródia à 6ª parte de "I-
Juca-Pirama" e ao poema "O canto do guerreiro",
de Gonçalves Dias.

7. A 18ª estrofe traz novo movimento das apóstro-
fes: a exultação pelo renascimento fálico. Aí a
alternância entre decassílabos e hexassílabos que
vem regendo o movimento das apóstrofes pros-
segue até o 9º verso. Os quatro versos finais de
exortação retomam a alternância entre o redon-
dilho maior e o menor da 8ª estrofe e preparam o
uso do redondilho maior da 19ª até a 23ª e última
estrofe.

8. Da 19ª até a última estrofe. Na 19ª estrofe, surge
um novo tipo de exortação com o convite às don-
zelas. Por sua vez, a exaltação do poder do elixir
está presente da 20ª estrofe até o fim do poema.

Em "Elixir do pajé", a afirmação do poder viril da
glória guerreira de poemas como "Canção do Tamoio",
"O canto do guerreiro", "I-Juca-Pirama" é rebaixada, in-
vertida crua e comicamente como poder do membro
viril do "herói de cem mil fodas". A equação marzapo-
caralho sintetiza esta inversão: "Quem vibra o marzapo/
com mais valentia?/ Quem conas enfia/ com tanta des-
treza? Quem fura cabaços/ com mais gentileza?". No

INTRODUÇÃO

embalo iconoclasta do poema, Bernardo não pouparia sequer a si mesmo, como mostra a paródia estilística de um trecho da 3ª parte de "O ermo" de *Cantos da solidão* (1852) na 4ª estrofe de "Elixir do pajé". Aí os termos da pintura convencional do "rubro incêndio" em "O ermo" (Cantos da solidão) veem-se deslocados para exibir humoristicamente o poder "idealizado" e monstruoso do caralho do pajé. Assim os versos de "Qual hidra formidável, no ar exalça/ A crista sanguinosa, sacudindo/ Com medonho rugido as ígneas asas" de "O ermo" são convertidos em "Qual hidra furiosa, o colo alçando,/ co'a sanguinosa crista açoita os ares,/ e sustos derramando/ por terras e por mares,/ [...]".

É importante observar que não há uma só alusão sequer ao prazer erótico em todo o poema. O que requer o esclarecimento de seu teor pornográfico. Por sua vez, o efeito cômico não se limita à satirização e inversão dos feitos guerreiros indígenas. As proezas fálicas são cômicas em si mesmas, devido à ação ininterruptamente frenética de máquina fálica que absorve a vitalidade do corpo, reduzindo-o à ação automatizada e contínua de um falo que nem escolhe o sexo de seu alvo: "deitado ou de pé,/ no macho ou na fêmea/ fodia o pajé". A brevidade do redondilho menor empresta com perfeição um tom hilariante a esse frenetismo: "e o duro marzapo,/ que sempre fodia,/ qual rijo tacape/ a nada cedia!". Automatização tão rígida em sua repetição incessante que só a rigidez da morte pode superar a do membro viril do pajé: "Vassoura terrível/ dos cus indianos/ por anos e anos/ fodendo passou,/ levando de rojo/ donzelas e putas,/ no seio das grutas/ fodendo acabou!". Desta maneira, o teor pornográfico se desvenda como irrisão do poder fálico. Esta repetição mecânica ("compulsiva") remete à conhecida formulação com que Henri Bergson entendeu a base da comicidade, a sua "imagem central" como ele a chama:

O mecânico sobreposto ao vivo: esse é ainda o nosso ponto de partida. De onde provém a comicidade? Do fato de o corpo vivo enrijecer-se como máquina.[25]

No entanto, a comicidade desses trechos vai além da explicação bergsoniana, uma vez que a caracterização desse automatismo incansável vale-se do recurso elementar do exagero cômico e acaba por revelar o caráter fanfarrão dos feitos gloriosos do pajé, tal como são contados pelo eu-narrador. A fanfarronice deixa-se ver ainda como o último golpe rebaixador na satirização das façanhas do herói indianista. E nos conduz à fanfarronice ainda maior do excitado narrador-herdeiro do elixir. Pois, afinal de contas, tudo que ele faz é excitar-se numa espécie de "tête-à-tête" com seu caralho, em nome de uma potência futura. Veja-se a nota de urgência em relação à expectativa das futuras proezas com que o poema termina: "Sim, faze com que este caralho,/ [...]/ *seja logo* proclamado/ vencedor de cem mil conos...// E seja em todas as rodas/ *d'hoje em diante* respeitado/ como herói de cem mil fodas,/ por seus heroicos trabalhos,/ eleito — rei dos caralhos!" (sublinhado por mim). Mas o poema não fala desses triunfos.

[25]Henri Bergson. *O riso*. São Paulo: Martins Fontes, 2001, pp. 36—37.

A ORIGEM DO MÊNSTRUO

O subtítulo do poema anuncia sua relação paródica com os mitos de caráter "etiológico", reelaborados nas *Metamorfoses*: "De uma fábula inédita de Ovídio, achada nas escavações de Pompeia e vertida em latim vulgar por Simão de Nuntua". Ao longo do poema, estrofes de estilo agressivamente baixo revezam-se com estrofes dominadas pela paródia do estilo elevado e estrofes marcadas pela mistura estilística. Uma única palavra basta para realizar o efeito cômico da mistura estilística: "Ei-lo que, pronto, tange o veloz carro/ de concha alabastrina,/ que quatro aladas *porras* vão tirando/ na esfera cristalina". (sublinhado por mim). Já na 1ª estrofe, estilo elevado e vulgar misturam-se escancaradamente: a paródia da dicção neoclássica do verso inicial ("Stava Vênus gentil junto da fonte") prossegue no rebaixamento satírico da imagem da deusa: "fazendo o seu pentelho,/ com todo o jeito, pra que não ferisse/ das cricas, o aparelho". A evocação do episódio mitológico da sedução de Anquises por Afrodite leva o rebaixamento ao máximo: "Tinha que dar o cu naquela noite/ ao grande pai Anquises,/ o qual, com ela, se não mente a fama,/ passou dias felizes...". Vênus é a "deusa regateira", alusão debochada a "Afrodite Hetaíra" ou a "Afrodite Porné". O rebaixamento prossegue com a desfiguração chula da beleza de Vênus: "Mas a navalha tinha o fio rombo,/ e a deusa, que gemia,/ arrancava os pentelhos e, peidando, caretas mil fazia!".

O episódio em que a deusa se fere com a navalha permite a BG construir com virtuosismo, da 7ª à 9ª estrofe, um lance de ironia sarcástica com o uso de parênteses.

Na primeira cena, o último verso "tremenda navalhada" corta brutalmente a elegância da linguagem: "A branca mão mimosa/ se agita alvoroçada/ e no cono lhe prega ("oh! caso horrendo!)/ tremenda navalhada". Aqui o recurso ao parênteses para exprimir consternação se integra ao agressivo "tremenda navalhada", desnudando a falsidade da consternação como uma ironia na qual transparece o deleite sádico do narrador. A descrição na 8ª estrofe recorre ao estilo nobre: "Da nacarada cona, em sutil fio,/ corre purpúrea veia,/ e nobre sangue do divino cono/ as águas purpureia..." Este tom elevado, por sua vez, é logo repelido pelo comentário grosseiro entre parênteses da 9ª estrofe: ("É fama que quem bebe dessas águas/ jamais perde a tesão/ e é capaz de foder noites e dias,/ até no cu de um cão!"). Ao mesmo tempo, esse comentário torna-se irônico ao dar um toque de segredo a algo que é voz corrente e um "benefício" para muitos: ("É fama que quem bebe dessas águas..."). Da 14ª até a 22ª estrofe tem curso a fúria e a praga de Vênus, apresentada com ironia zombeteira como na 16ª estrofe em que a deusa regateira lamenta a privação que terá de expiar: "Ai! Um mês sem foder! Que atroz suplício [...]"/ Em mísero abandono,/ que é que há de fazer, por tanto tempo,/ este faminto cono?...". A toda essa zombaria une-se uma "cena de escândalo no Olimpo": o flagrante da intimidade entre Júpiter e Cupido, com o trocadilho que um dos nomes impõe.

Ao integrar estes aspectos, somos levados a reconhecer em *A origem do mênstruo* uma notável correspondência com traços decisivos da famosa caracterização da sátira menipeia por Mikhail Bakhtin em *Problemas*

INTRODUÇÃO

da poética de Dostoiévski [26] e a referência à obra de Luciano de Samósata como a manifestação mais completa da menipeia.[27] Ei-los: "Excepcional liberdade de invenção temática e filosófica", a criação de "situações extraordinárias", um certo "naturalismo de submundo extremado e grosseiro", as cenas de escândalo, de comportamento excêntrico, de discurso e declarações inoportunas" nas reuniões dos deuses no Olimpo, a mistura estilística, a paródia.[28] Aí estão o caráter carnavalesco da representação do Olimpo, a livre-familiarização, os escândalos e excentricidades. O tratamento rebaixado de Vênus nesse poema da 2ª metade do século XIX emancipa-se de sua referência estrita à morte cômica dos deuses (Vênus) para incorporar um tratamento desidealizador da mulher, em ruptura aberta com a mitificação sentimental (virgens, donzelas) que impregna a poesia romântica brasileira.

O episódio da maldição de Vênus baseia-se no deslocamento inventivo do relato mitológico sobre as mulhe-

[26]Mikhail Bakhtin. "Particularidades do gênero e temático-composicionais das obras de Dostoiévski". In: *Problemas da poética de Dostoiévski*. Rio de Janeiro: Forense Universitária, 1981, pp. 87—118.

[27]A ligação de Luciano de Samósata com a sátira menipeia é objeto de refutação por parte de vários especialistas, entre os quais está Jacyntho Lins Brandão. Esse autor resume assim a relação entra a sátira menipeia e a luciânica: "Menipo fornece, de fato, a Luciano, matéria satírica, que ele reelabora em seu diálogo cômico, utilizando também formas e motivos tomados da comédia". Ver Jacyntho Lins Brandão. *A poética do hipocentauro — Literatura, sociedade e discurso ficcional em Luciano de Samósata*. Belo Horizonte: UFMG, 2001, pp. 14—15.

[28]Bakhtin, op. cit., pp. 87—118.

res de Lemnos. Por ter abandonado o culto de Afrodite/ Vênus, elas foram punidas pela deusa com um mau cheiro insuportável, causando assim a debandada de seus maridos que as trocaram por prisioneiras trácias.[29] A praga da deusa é um mal permanente que impede o prazer sexual: "Ó ninfa, o teu cono *sempre* atormente/ *perpétuas* comichões,/ e não aches quem *jamais* nele queira/ vazar os seus colhões…". Ou ainda: "Em negra podridão imundos vermes/ roam-te *sempre* a crica,…" Por fim, Vênus sentencia: "De *eterno* esquentamento flagelada,/ verta fétidos jorros,/ que cause tédio e nojo a todo mundo,/ até mesmo aos cachorros" (palavras sublinhadas por mim). A natureza permanente do flagelo e suas características estão longe de ser uma descrição do caráter cíclico do mênstruo; os "fétidos jorros", por exemplo, não contêm qualquer alusão ao sangue. Mais adiante, Jove sanciona a praga de Vênus, que passa a valer para todas as mulheres: "Mas, inda é pouco — a todas as mulheres/ estenda-se o castigo/ para expiar o crime que esta infame/ ousou para contigo…". O novo flagelo acrescentado pelo Grão-Tonante traz uma caracterização adequada do caráter cíclico do mênstruo: "Para punir tão bárbaro atentado,/ toda humana crica,/ de hoje em diante, lá de *tempo em tempo,*/ escorra sangue em bica" (sublinhado por mim). No final do decreto, Jove inclui uma alusão à "memória eterna" e a um *sempre* que contrasta com o de *tempo em tempo* anterior: "E por memória *eterna* chore *sempre*/ o cono

---

[29]Em *Risos entre pares*, p. 153, Vagner Camilo refere-se ao episódio de Lemnos. A esse propósito, ver Pierre Grimal. *Dicionário da mitologia grega e romana*. Rio de Janeiro: Difel, 1993, p. 10.

da mulher,/ com lágrimas de sangue, o caso infando,/ enquanto mundo houver...". Assim cresce mais ainda a ambivalência contida no decreto que misturava a caracterização do mênstruo ao caráter permanente do mau cheiro, das comichões e vermes da praga da deusa.

Podemos surpreender uma outra malícia semântica, ao completarmos a associação de dois episódios que o poema faz sugerir. No primeiro, o sangue da ferida da deusa, ao se misturar à água da fonte, torna-se literalmente "afrodisíaca", conforme proclama a 9ª estrofe: "É fama que quem bebe dessas águas/ jamais perde a tesão". O outro episódio é o da chegada da deusa ao Olimpo: "Coube a Apolo lavar dos roxos lírios/ o sangue que escorria,/ e de tesão terrível assaltado,/ conter-se mal podia!". Assim o sangramento do órgão sexual da deusa, longe de provocar repulsa, engendra a excitação do divino Apolo. A dupla associação do sangramento de Vênus à excitação sexual, contida nesses episódios, carrega para a leitura do poema a associação com o mênstruo.[30]

---

[30]O tratamento cômico-satírico do tema do mênstruo pode levar a um entendimento que assimile o poema à persistente tradição da misoginia, mas não pode contar com a identificação unívoca entre mênstruo e nojo, e terá que lidar com a ambivalência e a ambiguidade da significação do mênstruo construídas pelo poema. No primeiro volume de *O segundo sexo*, Simone de Beauvoir expõe o repertório de crenças, textos religiosos (Levítico), textos literários e "racionalizações médicas" que, nas mais diversas culturas e épocas, proíbem as relações sexuais durante o mênstruo. Em nota na p. 198, a autora comenta: "A diferença entre as crenças místicas e míticas e as convicções vividas dos indivíduos é aliás sensível no fato seguinte: Lévi-Strauss revela que 'os jovens nimebagos visitam suas amantes aproveitando-se do segredo a que as condena o isolamento prescrito

DUDA MACHADO

Forma-se assim uma cadeia de associações ambíguas entre o mênstruo, o sangue da ferida da deusa e o desejo sexual (a tesão de Apolo). A estas associações, acrescenta-se a ambivalência criada pela relação entre a praga de Vênus e o decreto de Jove. Se admitirmos este aspecto, fica excluída a leitura unívoca que faria da mulher apenas um "inesperado objeto de abjeção".[31] Pode-se falar portanto de uma dimensão ambígua que se inscreve dentro da ambivalência. Esta dupla dimensão ao orientar a leitura de *A origem do mênstruo*, confere ao poema uma complexidade que não se deixa revelar à primeira vista.

A ORGIA DOS DUENDES

Em "A orgia dos duendes", o emprego inovador de lendas populares e do vocabulário regional no poema pode ser visto como uma réplica inovadora ao travestimento idealizado da nacionalidade do romantismo indianista. "Meia-noite soou na floresta/ No relógio do sino do pau/ E a velhinha, rainha da festa,/ Se assentou sobre o grande jirau".: o disparate do segundo verso inaugura a ligação entre o ambiente fantasmagórico do sabá dos duendes e o humor. Quando *Lobisome* vem juntar-se à "velhinha, rainha da festa", a comicidade se instala com a cena do diabo-macaco: "Junto dele um vermelho diabo/ Que saíra dos antros das focas,/

durante as regras' ". Ver *O segundo sexo*. São Paulo: Círculo do Livro, 1986, vol. 1, pp. 198—202.

[31] Trata-se da interpretação de Flora Süssekind, ver nota 8.

INTRODUÇÃO

Pendurado num pau pelo rabo,/ No borralho torrava pipocas". A deformação cômico-monstruosa dos duendes já está inscrita em seus nomes, como no caso das três bruxas: *Taturana* é um tipo de lagarta capaz de provocar queimadura, *Getirana* — "bruxinha tarrasca" —, é um inseto de grande porte, também chamado cobra-de-asa, cobra-do-ar ou cigarra-cobra e *Mamangava*, uma abelha de picada dolorosa, mas de efeito rápido. No caso de *Lobisome* e das descrições de *Galo-preto*, *Crocodilo*, *Caturra* e da *Mula-sem-cabeça*, a deformação assume o caráter de uma fusão monstruosa entre corpo animal e comportamento humano. Em vez do *corpo híbrido* analisado por Bakhtin em Rabelais, temos a *criatura híbrida* (corpo animal e condição humana), uma variante da acepção primordial do grotesco como mistura de figuras humanas, animais e vegetais nos ornamentos das grutas (*grotte*) da Itália do século XV. A partir da 4ª estrofe, o narrador passa a fixar as personagens dos duendes numa ação típica de sabás: a antropofagia. A descrição caricatural da bruxa cozinhando um repasto antropofágico tem algo de histórias para crianças; a inflexão humorística dos versos na apresentação de *Getirana* transmitem mais nojo que crueldade. Do mesmo modo, na caracterização de *Mamangava* a piscadela cômica se une grotescamente ao horror. Até aí, não há qualquer elemento aterrorizante, pois o teor macabro dessas ações está dominado pela perspectiva cômico-grotesca do narrador.

"Vento sul sobiou na cumbuca,/ Galo-preto na cinza espojou;/ Por três vezes zumbiu a mutuca,/ No cupim o macuco piou": os sinais da natureza anunciam, na

DUDA MACHADO

7ª estrofe, a convocação pela Rainha da "coorte das almas perdidas". A estrofe mostra de maneira excelente como o humor se inscreve no encadeamento rítimico-sonoro.[32] Na transição da voz do narrador para as falas da Rainha ("Vinde, ó filhas do oco do pau") o disparate torna-se o recurso privilegiado para construir a visão da rainha-bruxa, tal como a "tabuada comum" na cena da cozinha da bruxa do *Fausto I*. É o disparate que comanda a convocação das raparigas do monte das cobras; a ordem para trazer a bandurra deixa transparecer o trato íntimo da Rainha com uma natureza enfeitiçada e sua técnica de bruxa na preparação do restilo ("Vem beber excelente restilo/ Que eu do pranto extraí das viúvas".) Ciente de seus poderes, a *Rainha* dirige-se a seus convidados com acenos sedutores de coquetismo macabro. Um exemplo: "Onde estás, que inda aqui não te vejo,/ *Esqueleto* gamenho e gentil?/ Eu quisera acordar-te c'um beijo/ Lá no teu tenebroso covil". No flerte com Galo-preto, o efeito cômico reside no uso

---

[32]A aliteração *sul/ sobiou* começa por inserir o humor na materialização fônica do vento. Estas se projetam em *cin/za* até a elisão de sua última sílaba com a primeira de *espojou*. Aí repercute aquele ô de sobiou. Por sua vez, o som de *cum*buca ressoa em *zum*biu, ao mesmo tempo em que se dá o anasalamento de *ven*to, *cum*buca, *cinza*. Ainda na passagem da 1º para a 2º verso, a bilabial *b* de *sobiou* prossegue até *cumbuca* e alcança o *zumbiu* do terceiro verso. É em meio a esse denso entrelaçamento sonoro que se faz a transição cômica do assobio ("Vento sul sobiou na cumbuca") para o pio do último verso: "No cupim o macuco piou". O jogo frequente das oclusivas bilabiais (b, p), das fricativas linguodentais (s, z) associadas às vogais palatais (i) e velares (o, u) marcam a trama sonora e cômica dessa estrofe.

INTRODUÇÃO

literal da expressão idiomática "arrastar as asas": "*Galopreto* da torre da morte,/ Que te aninhas em leito de brasas,/ Vem agora esquecer tua sorte,/ Vem agora em torno arrastar tuas asas".

Na 2ª parte do poema, o narrador reassume o comando. Duendes e bruxas entram em cena alardeando a fuzarca: "Mil duendes dos antros saíram/ Batucando e batendo matracas/ E mil bruxas uivando surgiram,/ Cavalgando em compridas estacas". Os instrumentos do batuque vão sendo arranjados segundo um vale-tudo que vai desde a "Campainha, que toca, é caveira/ Com badalo de casco de burro" aos chocalhos e marimbaus tocados por "Capetinhas, trepados nos galhos/ Com o rabo enrolado no pau". Para estes músicos diabolicamente inventivos, a percussão inclui o corpo: "*Crocodilo* roncava no papo/ Com ruído de grande fragor/ E na inchada barriga de um sapo/ *Esqueleto* tocava tambor".[33] Assinale-se mais uma vez como o macabro deixa-se absorver pela galhofa, pela cena carnavalesca: "Da carcaça de um seco defunto/ E das tripas de um velho barão,/ De uma bruxa engenhosa o bestunto/ Armou logo feroz rabecão". Na descrição de Lobisome, a imagem grotesca do corpo despedaçado ressurge no choque de humor negro com o detalhe da "carne corruta", refinado pelo *enjambement*: "Assentado nos pés da rainha,/ *Lobisome*

---

[33]Há nesta estrofe a ressonância dos versos da estrofe CXVI de *Albertus ou L'âme et le peché* (1832) de Théophile Gautier: "Le tam-tam caverneux, comme un tonnerre gronde;/ un lutin jovial, gonflant sa face ronde,/ sonne burlesquement de deux cors à la fois./ Celui-ci frappe un gril, et cet autre en goguettes/ prend pour tambour son ventre et deux os pour baguettes…".

DUDA MACHADO

batia a batuta/ C'o a canela de um frade, que tinha/ Inda um pouco de carne corruta". A marca burlesca, a monstruosidade ridícula das personagens, a caricatura, o jogo verbal, o disparate, a convivência entre o horrível e o risível, o detalhe sinistro convertido em choque humorístico, os efeitos cômicos dos enlaces sonoros formam o repertório magistral dos procedimentos cômicos lançados até aqui. O tratamento dos duendes nessas passagens vai destituí-los de sua condição de forças estranhas e terríficas para dar-lhes um tom familiar e risível, uma espécie de paródia de seres infernais. Aquele mundo alheado e sinistro, hostil ao homem, que invade o que é familiar e normal, postulado por Wolfgang Kayser como traço essencial do grotesco romântico, vê-se radicalmente invertido na familiarização escancarada do que é terrível e alheio.[34]

Na 3ª parte, os duendes proclamam seus crimes e perversões: incesto, antropofagia, luxúria associada a assassinato, sadismo, mortandade em massa, violação sexual, matricídio, parricídio, fratricídio. Declaram ainda sua profissão ou condição social e terminam por contar sua morte e/ou seu paradeiro no inferno. No caso de Taturana, Galo-preto e Esqueleto, a fala-cantoria resume-se a duas estrofe; Mula-sem-Cabeça, Crocodilo e Lobisome têm direito a três estrofes. Há uma exceção: a Rainha não se refere à sua morte, e a condição de "rainha da festa" lhe dá o privilégio de sete estrofes. Em sua primeira leitura de "A orgia dos duendes", An-

---

[34]Wolgang Kayser. *O grotesco*. São Paulo: Perspectiva, 2003, pp. 159—161.

tonio Candido considera-o um dos fulcros do nosso satanismo" e destaca "a sua perturbadora força poética, feita de macabro, grotesco e o sadismo certamente mais cruel de nossa literatura".[35] Ao analisar a 3ª parte do poema, comenta:

> É a perversidade que reponta, e relativamente amainada pelo chiste nas quadras iniciais, vai se afirmar na 3ª parte, quando os fantasmas fazem as suas confissões. O tom de galhofa e o disfarce do estilo grotesco acobertaram (quem sabe para o próprio autor), dando-lhe viabilidade em face da opinião pública e do sentimento individual, uma nítida manifestação de diabolismo: luxúria desenfreada e pecaminosa, gosto pelos contrastes profanadores, volúpia do mal e do pecado.[36]

Desse ponto de vista, a comicidade seria uma estratégia de mascaramento, de resto, facilmente desvendável. A análise das "estrofes agoureiras", no entanto, vai nos levar a um outro entendimento. Em primeiro lugar, é preciso considerar a mudança na narração, um vez que a 3ª parte do poema contém a passagem do ponto de vista do narrador para as falas das personagens. Esta observação singela propicia a base para distinguirmos a mudança no tom e no teor do poema. Até então, a comicidade derivava da perspectiva do narrador; com exceção das falas da Rainha ao convocar os duendes para as "danças da lei". A dimensão cômica nada encobria; pelo contrário, revelava quer o ponto de vista do narrador, quer o da Rainha. Mas não há dúvida de que

---

[35]Antonio Candido. "Bernardo Guimarães, poeta da natureza". In: *Formação da Literatura Brasileira — Momentos decisivos*. Belo Horizonte/Rio de Janeiro: Itatiaia, 2000, vol. 2, p. 157.

[36]Idem, p. 158.

DUDA MACHADO

as "estrofes agoureiras" imprimem uma certa mudança ao poema.

Os duendes retornam à vida com as metamorfoses que sabemos. Sua condição fantasmagórica vai caracterizá-los como ex-humanos; sem esta dimensão precisa do estatuto ficcional dos duendes, o leitor-intérprete será levado ao equívoco no entendimento de suas confissões e proclamações. É como ex-humanos e monstros redivivos, recém-saídos do inferno, que irão se manifestar em suas falas-cantoria. E é dessa distância em relação à vida que comentam seu passado de crimes, ampliando ao máximo a ausência de qualquer consideração moral que já ostentavam quando eram criaturas. Daí o cinismo extremado que revelam na enumeração de seus crimes e na zombaria em relação à sua morte e ao inferno como destino. Além disso, os duendes infernais dançam ao redor da fogueira, enquanto entoam suas antigas maldades. Estão em festa, pois celebram seu breve retorno ao mundo terreno. É assim que se pode presumir um certo regozijo quando Taturana inaugura o repertório de seus malfeitos: "Dos prazeres de amor as primícias,/ De meu pai entre os braços gozei;/ E de amor as extremas delícias/ Deu-me um filho, que dele gerei". E prossegue: "Mas se minha fraqueza foi tanta,/ De um convento fui freira professa;/ Onde morte morri de uma santa;/ Vejam lá, que tal foi esta peça". A admissão de "fraqueza" é apenas o passo necessário com que desmascara a farsa ("peça") na hora da morte com a *ironia do falso contraste* entre uma vida em pecado e a aparência da morte "santificada". Na fala de encerramento, o sarcasmo com que assimila o parto ao túmulo

INTRODUÇÃO

exibe sua indiferença à qualquer consideração moral: "Os amantes, a quem despojei,/ Conduzi das desgraças ao cúmulo,/ E alguns filhos, por artes que sei,/ Me caíram do ventre no túmulo". Na *concisão brutal* das falas de Taturana e Getirana predomina, repetimos, o *cinismo e a indiferença* em relação a seus crimes. Gula, luxúria e violação unem-se na primeira fala de Galo-preto e o duende, ao zombar de sua condenação ao inferno, recorre à mesma *zombaria irônica do falso contraste pecado-santidade* exibida por Taturana: "Mas na vida beata de ascético/ Mui contrito rezei, jejuei,/ Té que um dia de ataque apoplético/ Nos abismos do inferno estourei". Homem de poder na igreja, tal como está sugerido, Esqueleto consagrou-se ao morticínio. Na fala final, a *zombaria irônica do falso contraste pecado-santidade* se aprofunda com a alusão ao engano dos vivos que lhe prestam o culto devido aos santos: "Das severas virtudes monásticas/ Dei no entanto piedosos exemplos/ E por isso cabeças fantásticas/ Inda me erguem altares e templos".

Getirana, Galo-preto, Esqueleto, Crocodilo, usaram a máscara religiosa para cometer as perversões que agora exibem como cartas de nobreza para a participação no sabá. Ao mesmo tempo, a composição concisa de suas falas, o cinismo e a falta de emoção permitem ao leitor uma visão distanciada de suas façanhas hediondas. Nas personagens com direito a três estrofes, a antropofagia retorna na fala da Mula-sem-cabeça. Sem emoção, antes com a mesma economia cínica dos outros, conta sua vida até a decapitação. Com o ex-papa Crocodilo surge mais uma vez a *zombaria irônica para o falso con-*

traste entre vida religiosa e vida pecaminosa: "Eu na terra vigário de Cristo,/ Que nas mãos tinha a chave do céu,/ Eis que um dia de um golpe imprevisto/ Nos infernos caí de boléu". O paradeiro de Lobisome no inferno traz a inversão irônica de sua gula: "Com o sangue e suor de meus povos/ Diverti-me e criei esta pança,/ Para enfim, urros dando e corcovos,/ Vir ao demo servir de pitança". O que seria um castigo não provoca nenhuma emoção, mas apenas sarcasmo. Então chega a vez da rainha, a velhinha "co'as mãos ressequidas". O desfile de maldades começa pela ironia "objetiva" emprestada por seu nascimento: "Já no ventre materno fui boa;/ Minha mãe, ao nascer eu matei". Luxúria e crimes se enlaçam intimamente e são títulos que lhe deram o topo da hierarquia do mal: "Quem pratica proezas tamanhas/ Cá não veio por fraca e mesquinha,/ E merece por suas façanhas/ Inda mesmo entre vós ser rainha". Cinismo, indiferença, ironia em relação a seus destinos configuram a perspectiva destes seres diabólicos em relação às suas antigas vidas humanas e à sua condenação ao inferno. Neste ponto, é preciso relembrar que ao entoarem suas falas-cantoria, os duendes se divertem: "E dançando em redor da fogueira/ vão girando, girando sem fim". Não se pode desprezar a importância da interação desse pano de fundo carnavalizado ao cinismo e sarcasmo das falas do duendes, reforçando assim a caracterização que fizemos.

Tal como a dança ao redor da fogueira, há uma certa circularidade nesses prazeres perversos. Em todos a luxúria; os assassinatos de maridos e amantes em Getirana, Mula-sem-cabeça e na Rainha; a gula em

INTRODUÇÃO

Lobisome e Galo-preto; o morticínio em Lobisome e Esqueleto. As personagens e ações assim configuradas permitem que sejam associadas em chave paródico-satírica ao repertório do "romance gótico" com seus terrores e perversões: pacto com o demônio, fratricídio, parricídio, infanticídio, incesto, violação, sadismo e necrofilia de romances como *Ambrosio or the Monk* (1795) de Matthew Gregory Lewis ou *Italian or the confession of the black penitent* (1797) de Ann Radcliffe.[37] Em "A orgia dos duendes", a deformação cômico-grotesca, o tratamento carnavalesco, o cinismo e a ironia dos duendes irrisórios dissolvem o horror e o elemento aterrorizante de suas revelações. Ao mesmo tempo, suas falas extremamente concisas excluem o *páthos* favorecido pelas narração pormenorizada das ações no "romance gótico". A proclamação irônica e cínico-demoníaca adquire predomínio sobre os próprios horrores praticados. Toda esta parte comporta uma ironia subjacente: *a perversidade e a perversão deslocam-se das atrocidades cometidas pelos duendes em seu passado humano para o cinismo mesclado de regozijo com que proclamam aquelas atro-*

---

[37]Mario Praz aborda estes aspectos do "romance gótico" em *A Carne, A Morte e o Diabo na Literatura Romântica* como parte de uma análise da "sensibilidade erótica" na literatura romântica. Vale a pena talvez observar que estes dois romances circularam no Rio de Janeiro durante o século XIX sobretudo em traduções francesas, segundo a pesquisa de Sandra Guardini T. Vasconcelos realizada em catálogos de bibliotecas, livreiros, gabinetes de leitura e publicada com o título *Romances ingleses* em circulação no Brasil durante o séc. XIX. No caso do romance de Radcliffe, consta uma tradução de 1797 e, no caso do romance de Lewis, uma tradução de 1796. Ver <www.unicamp.br/iel/memoria/Ensaios/Sandra/sandralev.htm>.

cidades. O prazer que estes fantasmas degradados extraem de suas proclamações consagra sua adesão ao mal, mas a uma espécie de mal degradado, de um terrível tornado remoto por sua condição de ex-humanos, e reduzido apenas à sua evocação. É tudo quanto resta a estes pobres diabos entretidos no gozo fantasmático de seu passado desumanamente humano.

Com o retorno à perspectiva do narrador, a ridicularização dos duendes chega ao auge. A Morte vem interromper a dança hilário-macabra do cateretê. O rebenque, substituindo a foice, define o primeiro traço cômico na figuração da Morte: "Um rebenque estalando se ouviu,/ Galopando através da floresta/ Magro espectro sinistro surgiu". A imagem alegórica da Morte como esqueleto é destronada pela irrisão do esqueleto-chocalho a galopar: "Hediondo esqueleto aos arrancos/ Chocalhava nas abas da sela;/ Era a Morte, que vinha de tranco/ Amontada numa égua amarela". Os duendes ridicularizados viram pó: "Fora, fora! esqueletos poentos,/ Lobisomes, e bruxas mirradas!/ Para a cova esses ossos nojentos!/ Para o inferno essas almas danadas!". A cena se encerra com o sumiço vergonhoso dos monstros repulsivos: "Um estouro rebenta nas selvas,/ Que recendem com cheiro *de enxofre;*/ E na terra por baixo das relvas/ Toda a súcia sumiu-se *de chofre*". O humorismo destas selvas que recendem a enxofre está concentrado na aliteração das línguo-dentais fricativas ("Toda a súcia sumiu-se de chofre") e na dupla elisão que permite que se leia as rimas como "de en/xo/fre" e "de/cho/fre", numa quase-identificação destes sintagmas. Como o inferno é consubstancial aos duendes e, seu

INTRODUÇÃO

regresso à vida se faz com o patrocínio do diabo, só a Morte poderia vir castigá-los. Tudo não passou de uma folia passageira, cujo retorno terá sempre o mesmo fim: os ex-humanos degradados em sua reencarnação monstruosa serão enxotados para suas covas pela Morte.

A liquidação cômica dos duendes na 4ª parte torna a ativar a carnavalização das duas primeiras partes do poema e nos leva a reconhecer em "A orgia dos duendes" um certo poder liberador do riso frente às forças estranhas que irrompem no que é humano na medida em que os fantasmas subterrâneos que unem perversamente sexualidade e destrutividade são rebaixados, para serem afinal expulsos pela alegoria da Morte, também deformada comicamente. Mas o desenlace da narrativa não é o final do poema. Dissolvida a orgia fantasmagórica, só resta o seu cenário ("Nem ao menos se viam vestígios/ Da nefanda, asquerosa folia") e o surgimento de um amanhecer idílico: "E brincavam as auras suaves/ Entre as flores colhendo perfumes". A beatitude da natureza ao amanhecer se irmana à inocência virginal: "E na sombra daquele arvoredo,/ Que inda há pouco viu tantos horrores,/ Passeando sozinha e sem medo/ Linda virgem cismava de amores". Mas o cenário idílico vai se revelar parcial e dúbio, já que foi a mesma natureza que abrigou os horrores da "folia macabra: "E na sombra daquele arvoredo,/ Que inda há pouco viu tantos horrores". Toda a modulação lírica do amanhecer vacila com a sugestão despertada por esses versos. A natureza é dupla: sua parte noturna guarda aspectos insuspeitados pela virgem. A modulação dos versos finais ("Passeando sozinha e sem medo/ Linda

virgem cismava de amores.") é a estilização paródica do
clichê da linda virgem cismando de amores do lirismo
romântico-brasileiro. A inocência da virgem é irrisória,
pois reside na ignorância de uma dimensão noturna e
sombria, ainda que esta tenha sido privada de seu ca-
ráter aterrorizante pelo rebaixamento cômico. O fecho
paródico do lirismo da virgem inocente se une ao des-
mascaramento cômico-grotesco da poética romântica
da noturnidade satânica. Nesta obra-prima, a exceção
constituída pela poesia cômico-satírica de BG dentro do
romantismo brasileiro alcança sua manifestação mais
refinada e mais densa.

NOTA SOBRE OS POEMAS SELECIONADOS

"O nariz perante os poetas", "À saia balão", "Ao cha-
ruto", "Ao meu aniversário", "Sirius", "Dilúvio de papel",
"Minha rede", "A orgia dos duendes", "Ao cigarro" per-
tencem à seção "Poesias Diversas" de *Poesias* (1865).

"Soneto", "Mote estrambótico", "Lembranças do
nosso amor", "Disparates rimados", "Parecer da Comis-
são de Estatística a respeito da freguesia da Madre-De-
Deus-do-Angu" fazem parte dos *Dispersos* na edição
de *Poesias completas de Bernardo Guimarães* do Insti-
tuto Nacional do Livro, organizada por Alphonsus de
Guimaraens Filho.

"Elixir do pajé" e "A origem do mênstruo" foram
extraídos da edição do Movimento Editorial Panorama.

BIBLIOGRAFIA

BAKHTIN, Mikhail. "Particularidades do gênero e temático-composicionais das obras de Dostoiévski". In: *Problemas da poética de Dostoiévski*. Rio de Janeiro: Forense Universitária, 1981.

_____. "Introdução — Apresentação do problema". In: *A cultura popular na Idade Média e no Renascimento*. São Paulo/Brasília: Hucitec/Universidade de Brasília, 1987.

BEAUVOIR, Simone de. "Terceira parte. Capítulo I. Os mitos". In: *O segundo sexo*, vol. 1. São Paulo: Círculo do Livro, 1986.

BERGSON, Henri. *O riso*. São Paulo: Martins Fontes, 2001.

BILAC, Olavo. "O Diabo". In: *Conferências literárias*, 2ª ed. Rio de Janeiro: Livraria Francisco Alves, 1939.

BRANDÃO, Jacyntho Lins. *A poética do hipocentauro — Literatura, sociedade e discurso ficcional em Luciano de Samósata*. Belo Horizonte: UFMG, 2001.

CAMILO, Vagner. *Risos entre Pares*. São Paulo: Edusp, 1997.

CAMPOS, Haroldo de. "Poética Sincrônica". In: *A arte no horizonte do provável*. São Paulo: Perspectiva, 1969.

CANDIDO, Antonio. "Bernardo Guimarães, poeta da natureza". In: *Formação da Literatura Brasileira — Momentos decisivos*, 9ª ed, vol. 2. Belo Horizonte/Rio de Janeiro: Itatiaia, 2000.

_____. "A poesia pantagruélica". In: *O discurso e a cidade*", 3ª edição. São Paulo/Rio de Janeiro: Duas Cidades/Ouro sobre Azul, 2004.

DELEUZE, Gilles. *Lógica do Sentido*, 5ª edição. São Paulo: Perspectiva, 2000.

GAUTIER, Théophile. "Albertus ou L'âme et le péché" [document électronique], Num. BNF de l'éd. De Paris: INALF, 1961 [Reprod. de l'éd. de Paris: Fasquelle, 1910,] Gallica, BNF.

GOETHE, Johann Wolfgang von. *Fausto: uma tragédia. Primeira parte*. Tradução de Jenny Klabin Segall; apresentação, comentários e notas de Marcus Vinícius Mazzari. São Paulo: 34, 2004.

GRIMAL, Pierre. *Dicionário da Mitologia Grega e Romana*, 2ª edição. Rio de Janeiro: Difel, 1993.

GUIMARÃES, Bernardo. *Poesias Completas de Bernardo Guimarães*. Rio de Janeiro: Instituto Nacional do Livro, 1959.

_____. *Elixir do pajé*. Ouro Preto: Edições Piraquê, 1957.

_____. *Elixir do pajé*, acompanhado por *A orgia dos duendes* e *A origem do mênstruo*. Introdução de Romério Rômulo. Ilustrações de Fausto Prats. Sabará: Edições Dubolso, 1988.

_____. *Poesia erótica e satírica*. Prefácio, organização e notas: Duda Machado. Rio de Janeiro: Imago, 1992.

HUGO, Victor. *Odes et Ballades*. Paris: Gallimard, 1980.

_____. *Les Orientales/Les Feuilles d'Automne*. Paris: Gallimard, 1981.

KAYSER, Wolfgang. *O Grotesco*, 1ª reimpressão. São Paulo: Perspectiva, 2003.

LIMA, Luis Costa. "Bernardo Guimarães e o cânone". In: *Pensando nos trópicos*. Rio de Janeiro, Rocco, 1991.

MEYER, Augusto. "Hugo". In: *Textos Críticos*. Org. João Alexandre Barbosa. São Paulo: Perspectiva/INL, 1986.

PRAZ, Mario. *A Carne, A Morte e o Diabo na Literatura Romântica*. Campinas, SP: Unicamp, 1996.

SÁ REGO, Enylton de. "A Sátira Menipeia, Luciano e a Tradição Luciânica". In: O Calundu e a Panaceia. Rio de Janeiro: Forense Universitária, 1989.

SOUZA, Laura de Mello e. *Inferno Atlântico — Demonologia e colonização — séculos XVI-XVIII*. São Paulo, Companhia das Letras, 1993.

SÜSSEKIND, Flora; Valença Rachel Teixeira. *O Sapateiro Silva*. Rio de Janeiro: Fundação Casa de Rui Barbosa, 1983.

_____. "Bernardo Guimarães: romantismo com pé-de-cabra". In: *Papéis Colados*. Rio de Janeiro: UFRJ, 1993.

VERÍSSIMO, José. "Bernardo Guimarães". In: *Estudos de Literatura Brasileira*, 2ª série. Belo Horizonte: Itatiaia/USP, 1977.

ELIXIR DO PAJÉ E OUTROS POEMAS DE HUMOR, SÁTIRA E ESCATOLOGIA

PREFÁCIO

No intuito de perpetuar estes versos de um poeta nosso bem conhecido, os fazemos publicar pela imprensa, que, sem dúvida, pode salvar do naufrágio do esquecimento poesias tão excelentes em seu gênero, e cuja perpetuidade alguns manuscritos, por aí dispersos e raros, não podem garantir das injúrias do tempo.

A lira do poeta mineiro tem todas as cordas; ele a sabe ferir em todos os tons e ritmos diferentes com mão de mestre.

Estas poesias podem se chamar erótico-cômicas. Quando BG escrevia estes versos inimitáveis, sua musa estava de veia para fazer rir, e é sabido que para fazer rir são precisos talentos mais elevados do que para fazer chorar.

Estes versos não são dedicados às moças e aos meninos. Eles podem ser lidos e apreciados por pessoas sérias, que os encarem pelo lado poético e cômico, sem ofensa da moralidade e nem tão pouco das consciências pudicas e delicadas.

Repugnam-nos os contos obscenos e imundos, quando não têm o perfume da poesia; esta, porém, encontrará acesso e acolhimento na classe dos leitores de um gosto delicado e no juízo destes será um florão de mais juntado à coroa de poeta que BG tem sabido conquistar pela força do seu gênio.[1]

Ouro Preto, 7 de maio de 1875

[1] Segundo uma série de indicações, o autor do prefácio das edições clandestinas de "Elixir do pajé" e "A origem do mênstruo" é o próprio Bernardo Guimarães. No exemplar do Movimento Editorial Panorama (1951), a data do prefácio é de 7 de maio de 1875, exatamente a mesma que lhe foi atribuída por Basílio de Magalhães no livro *Bernardo Guimarães* (1926). O ano de publicação é também o de *A escrava Isaura*, unindo o BG consagrado e o proibido. O prefácio, adiantando as iniciais do autor, remedia a ausência de seu nome na publicação. Como se sabe, o "Elixir do pajé" alcançou uma certa popularidade, sempre associada ao nome de BG. O registro é de Basílio de Magalhães que evoca o testemunho de Artur Azevedo. De qualquer modo, o "semianonimato" preservava o autor de acusações moralistas e de algum escândalo público. A estratégia de defesa poética é clara: as poesias são "excelentes em seu gênero". Assim, segundo o prefácio, a aceitação dos poemas requer a operação de saber classificá-los devidamente, compreendendo-os dentro de um certo "gênero", encarando-os pelo "lado poético e cômico". Não há alusão à sátira; os poemas são batizados de erótico-cômicos. Por sua vez, a reivindicação de características próprias ao gênero apoia-se, na autoridade de uma maestria poética sem fronteiras: "A lira do poeta mineiro tem todas as cordas: ele a sabe ferir em todos os tons e ritmos diferentes com mãos de mestre". Como parte da estratégia, não falta o prestígio insuspeito, ainda que não de todo pertinente, da preceptiva clássica na epígrafe extraída dos primeiros versos do Canto III de *L'Art Poétique* de Boileau. [N. do O.]

*D'un pinceau delicat l'artifice agreable du plus
hideaux object fait un objet aimable.*

Boileau

ELIXIR DO PAJÉ

Que tens, caralho, que pesar te oprime
que assim te vejo murcho e cabisbaixo,
sumido entre essa basta pentelheira,
mole, caindo pela perna abaixo?

Nessa postura merencória e triste
para trás tanto vergas o focinho,
que eu cuido vais beijar, lá no traseiro,
teu sórdido vizinho!

Que é feito desses tempos gloriosos
em que erguias as guelras inflamadas,
na barriga me dando de contínuo
tremendas cabeçadas?

Qual hidra furiosa, o colo alçando,
co'a sanguinosa crista açoita os mares
e sustos derramando
por terras e por mares,
aqui e além atira mortais botes,
dando co'a cauda horríveis piparotes,
assim tu, ó caralho,
erguendo o teu vermelho cabeçalho,
faminto e arquejante,
dando em vão rabanadas pelo espaço,
pedias um cabaço!

Um cabaço! Que era este o único esforço,
única empresa digna de teus brios;
porque surradas conas e punhetas
são ilusões, são petas,
só dignas de caralhos doentios.

Quem extinguiu-te assim o entusiasmo?
Quem sepultou-te nesse vil marasmo?
Acaso pra teu tormento,
endefluxou-te algum esquentamento?
Ou em pívias estéreis te cansaste,
ficando reduzido a inútil traste?
Porventura do tempo a dextra irada
quebrou-te as forças, envergou-te o colo,
e assim deixou-te pálido e pendente,
olhando para o solo,
bem como inútil lâmpada apagada
entre duas colunas pendurada?

Caralho sem tesão é fruta chocha,
sem gosto nem cherume,
linguiça com bolor, banana podre,
é lampião sem lume,
teta que não dá leite,
balão sem gás, candeia sem azeite.

Porém não é tempo ainda
de esmorecer,
pois que teu mal ainda pode
alívio ter.

Sus, ó caralho meu, não desanimes,
que inda novos combates e vitórias
e mil brilhantes glórias
a ti reserva o fornicante Marte,
que tudo vencer pode co'engenho e arte.

Eis um santo elixir miraculoso,
que vem de longes terras,
transpondo montes, serras,
e a mim chegou por modo misterioso.

Um pajé sem tesão, um nigromante
das matas de Goiás,
sentindo-se incapaz
de bem cumprir a lei de matrimônio,
foi ter com o demônio,
a lhe pedir conselho
para dar-lhe vigor ao aparelho,
que já de encarquilhado,
de velho e de cansado,
quase se lhe sumia entre o pentelho.
À meia-noite, à luz da lua nova,
co'os manitós falando em uma cova,
ao som de atroz conjuro e negra praga,
compôs esta triaga
de plantas cabalísticas colhidas,
por suas próprias mãos às escondidas.

Esse velho pajé de piça mole,
com uma gota desse feitiço,
sentiu de novo renascer os brios
de seu velho chouriço!

E ao som das inúbias,
ao som do boré,
na taba ou na brenha,
deitado ou de pé,
no macho ou na fêmea
de noite ou de dia,
fodendo se via
o velho pajé!

Se acaso ecoando
na mata sombria,
medonho se ouvia
o som do boré,
dizendo: — "Guerreiros,
ó vinde ligeiros,
que à guerra vos chama
feroz aimoré",
— assim respondia
o velho pajé,
brandindo o caralho,
batendo co'o pé:
— "Mas neste trabalho,
dizei, minha gente,
quem é mais valente,
mais forte quem é?
Quem vibra o marzapo
com mais valentia?
Quem conas enfia
com tanta destreza?
Quem fura cabaços
com mais gentileza?"

E ao som das inúbrias,
ao som do boré,
na taba ou na brenha,
deitado ou de pé,
no macho ou na fêmea,
fodia o pajé.

Se a inúbia soando
por vales e outeiros,
à deusa sagrada
chamava os guerreiros,
de noite ou de dia,
ninguém jamais via
o velho pajé,
que sempre fodia,
na taba ou na brenha,
no macho ou na fêmea,
deitado ou de pé,
e o duro marzapo,
que sempre fodia,
qual rijo tacape
a nada cedia!

Vassoura terrível
dos cus indianos,
por anos e anos
fodendo passou,
levando de rojo
donzelas e putas,
no seio das grutas
fodendo acabou!

E com sua morte
milhares de gretas
fazendo punhetas
saudosas deixou...

Feliz caralho meu, exulta, exulta!
Tu que aos conos fizeste guerra viva,
e nas guerras de amor criaste calos,
eleva a fronte altiva;
em triunfo sacode hoje os badalos;
alimpa esse bolor, lava essa cara,
que a Deusa dos amores,
já pródiga em favores
hoje novos triunfos te prepara,
graças ao santo elixir
que herdei do pajé bandalho,
vai hoje ficar em pé
o meu cansado caralho!

> Vinde, ó putas e donzelas,
> vinde abrir as vossas pernas
> ao meu tremendo marzapo,
> que a todas, feias ou belas,
> com caralhadas eternas
> porei as cricas em trapo...
> graças ao santo elixir
> que herdei do pajé bandalho,
> vai hoje ficar em pé
> o meu cansado caralho!

Sus, caralho! Este elixir
ao combate hoje te chama
e de novo ardor te inflama

para as campanhas do amor!
Não mais ficarás à toa,
nesta indolência tamanha,
criando teias de aranha,
cobrindo-te de bolor...

Este elixir milagroso,
o maior mimo da terra,
em uma só gota encerra
quinze dias de tesão...
Do macróbio centenário
ao esquecido marzapo,
que já mole como um trapo,
nas pernas balança em vão,
dá tal força e valentia
que só uma estocada
põe a porta escancarada
do mais rebelde cabaço,
e pode um cento de fêmeas
foder de fio a pavio,
sem nunca sentir cansaço...

Eu te adoro, água divina,
santo elixir do tesão,
eu te dou meu coração,
eu te entrego a minha porra!
Faze que ela, sempre tesa,
e em tesão sempre crescendo,
sem cessar viva fodendo,
até que fodendo morra!

Sim, faze que este caralho,
por tua santa influência,
a todos vença em potência,
e, com gloriosos abonos,
seja logo proclamado
vencedor de cem mil conos...
e seja em todas as rodas
d'hoje em diante respeitado
como herói de cem mil fodas,
por seus heroicos trabalhos,
eleito — rei dos caralhos!

A ORIGEM DO MÊNSTRUO

De uma fábula inédita de Ovídio, achada nas escavações de Pompeia e vertida em latim vulgar por Simão de Nuntua.

Stava Vênus gentil junto da fonte
    fazendo o seu pentelho,
com todo o jeito, pra que não ferisse
    das cricas o aparelho.

Tinha que dar o cu naquela noite
    ao grande pai Anquises,
o qual, com ela, se não mente a fama,
    passou dias felizes…

Rapava bem o cu, pois resolvia
    na mente altas ideias:
— ia gerar naquela heroica foda
    o grande e pio Eneias.

Mas a navalha tinha o fio rombo,
    e a deusa, que gemia,
arrancava os pentelhos e, peidando,
    caretas mil fazia!

Nesse entretanto, a ninfa Galateia,
  acaso ali passava,
e vendo a deusa assim tão agachada,
  julgou que ela cagava…

Essa ninfeta travessa e petulante
  era de gênio mau,
e por pregar um susto à mãe do Amor,
  atira-lhe um calhau…

Vênus se assusta. A branca mão mimosa
  se agita alvoroçada,
e no cono lhe prega (oh! caso horrendo!)
  tremenda navalhada.

Da nacarada cona, em sutil fio,
  corre purpúrea veia,
e nobre sangue do divino cono
  as águas purpureia…

(É fama que quem bebe dessas águas
  jamais perde o tesão
e é capaz de foder noites e dias,
  até no cu de um cão!)

— "Ora porra!" — gritou a deusa irada,
  e nisso o rosto volta…
E a ninfa, que conter-se não podia,
  uma risada solta.

A travessa menina mal pensava
  que tal brincadeira,
ia ferir a mais mimosa parte
  da deusa regateira…

— "Estou perdida!" — trêmula murmura
    a pobre Galateia,
vendo o sangue correr do róseo cono
    da poderosa deia...

Mas era tarde! A Cípria, furibunda,
    por um momento a encara,
e, após instantes, com severo acento,
    nesse clamor dispara:

"Vê?! Que fizeste, desastrada ninfa,
    que crime cometeste!
Que castigo há no céu, que punir possa
    um crime como este?!

Assim, por mais de um mês inutilizas
    o vaso das delícias...
E em que hei de gastar das longas noites
    as horas tão propícias?

Ai! Um mês sem foder! Que atroz suplício...
    Em mísero abandono,
que é que há de fazer, por tanto tempo,
    este faminto cono?...

Ó Adonis! Ó Júpiter potentes!
    E tu, mavorte invito!
E tu, Aquiles! Acudi de pronto
    da minha dor ao grito!

Este vaso gentil que eu tencionava
    tornar bem fresco e limpo
para recreio e divinal regalo
    dos deuses do Alto Olimpo,

Vede seu triste estado, ó! Que esta vida
    em sangue já se esvai-me!
Ó Deus, se desejais ter foda certa
    vingai-vos e vingai-me!

Ó ninfa, o teu cono sempre atormente
    perpétuas comichões,
e não aches quem jamais nele queira
    vazar os seus colhões...

Em negra podridão imundos vermes
    roam-te sempre a crica,
e à vista dela sinta-se banzeira
    a mais valente pica!

De eterno esquentamento flagelada,
    verta fétidos jorros,
que causem tédio e nojo a todo mundo,
    até mesmo aos cachorros!"

Ouviu-lhe estas palavras piedosas
    do Olimpo o Grão-Tonante,
que em pívia ao sacana do Cupido
    comia nesse instante...

Comovido no íntimo do peito,
    das lástimas que ouviu,
manda ao menino que, de pronto, acuda
    à puta que o pariu...

Ei-lo que, pronto, tange o veloz carro
    de concha alabastrina,
que quatro aladas porras vão tirando
    na esfera cristalina.

Cupido que as reconhece e as rédeas bate
    da rápida quadriga,
co'a voz ora as alenta, ora co'a ponta
    das setas as fustiga.

Já desce aos bosques onde a mãe, aflita,
    em mísera agonia,
com seu sangue divino o verde musgo
    de púrpura tingia...

No carro a toma e num momento chega
    à olímpica morada,
onde a turba dos deuses, reunida,
    a espera consternada!

Já Mercúrio de emplastros se aparelha
    para a venérea chaga,
feliz porque naquele curativo
    espera certa a paga...

Vulcano, vendo o estado da consorte,
    mil pragas vomitou...
Marte arranca um suspiro que as abóbadas
    celestes abalou...

Sorriu a furto a ciumenta Juno,
    lembrando o antigo pleito,
e Palas, orgulhosa lá consigo,
    resmoneou: — "Bem feito!"

Coube a Apolo lavar dos roxos lírios
    o sangue que escorria,
e de tesão terrível assaltado,
    conter-se mal podia!

Mas, enquanto se faz o curativo,
em seus divinos braços,
Jove sustém a filha, acalentando-a
com beijos e com abraços.

Depois, subindo ao trono luminoso,
com carrancudo aspeto,
e erguendo a voz troante, fundamenta
e lavra este DECRETO:

— "Suspende, ó filha, os lamentos justos
por tão atroz delito,
que no tremendo Livro do Destino
de há muito estava escrito.

Desse ultraje feroz será vingado
o teu divino cono,
e as imprecações que fulminaste
agora sanciono.

Mas, inda é pouco: — a todas as mulheres
estenda-se o castigo
para expiar o crime que esta infame
ousou para contigo…

Para punir tão bárbaro atentado,
toda humana crica,
de hoje em diante, lá de tempo em tempo,
escorra sangue em bica…

E por memória eterna chore sempre
o cono da mulher,
com lágrimas de sangue, o caso infando,
enquanto mundo houver…"

Amém! Amém! com voz atroadora
   os deuses todos urram!
E os ecos das olímpicas abóbadas,
   Amém! Amém! sussurram...

A ORGIA DOS DUENDES

I

Meia-noite soou na floresta
No relógio de sino de pau;
E a velhinha, rainha da festa,
Se assentou sobre o grande jirau.

Lobisome apanhava os gravetos
E a fogueira no chão acendia,
Revirando os compridos espetos,
Para a ceia da grande folia.

Junto dele um vermelho diabo
Que saíra do antro das focas,
Pendurado num pau de rabo,
No borralho torrava pipocas.

Taturana, uma bruxa amarela,
Resmungando com ar carrancudo,
Se ocupava em frigir na panela
Um menino com tripas e tudo.

Getirana com todo o sossego
A caldeira da sopa adubava
Com o sangue de um velho morcego,
Que ali mesmo co'as unhas sangrava.

Mamangava frigia nas banhas
Que tirou do cachaço de um frade
Adubado com pernas de aranha,
Fresco lombo de um frei dom abade.

Vento sul sobiou na cumbuca,
Galo-Preto na cinza espojou;
Por três vezes zumbiu a mutuca,
No cupim o macuco piou.

E a rainha co'as mãos ressequidas
O sinal por três vezes foi dando,
A coorte das almas perdidas
Desta sorte ao batuque chamando:

"Vinde, ó filhas do oco do pau,
Lagartixas do rabo vermelho,
Vinde, vinde tocar marimbau,
Que hoje é festa de grande aparelho.

Raparigas do monte das cobras,
Que fazeis lá no fundo da brenha?
Do sepulcro trazei-me as abobras,
E do inferno os meus feixes de lenha.

Ide já procurar-me a bandurra
Que me deu minha tia Marselha,
E que aos ventos da noite sussurra,
Pendurada no arco-da-velha.

Onde estás, que inda aqui não te vejo,
Esqueleto gamenho e gentil?
Eu quisera acordar-te c'um beijo
Lá no teu tenebroso covil.

Galo-preto da torre da morte,
Que te aninhas em leito de brasas,
Vem agora esquecer tua sorte,
Vem-me em torno arrastar tuas asas.

Sapo-inchado, que moras na cova
Onde a mão do defunto enterrei,
Tu não sabes que hoje é lua nova,
Que é o dia das danças da lei?

Tu também, ó gentil *Crocodilo*,
Não deplores o suco das uvas;
Vem beber excelente restilo
Que eu do pranto extraí das viúvas.

Lobisome, que fazes, meu bem
Que não vens ao sagrado batuque?
Como tratas com tanto desdém,
Quem a c'roa te deu de grão-duque?"

II

Mil duendes dos antros saíram
Batucando e batendo matracas,
E mil bruxas uivando surgiram,
Cavalgando em compridas estacas.

Três diabos vestidos de roxo
Se assentaram aos pés da rainha,
E um deles, que tinha o pé coxo,
Começou a tocar campainha.

Campainha, que toca, é caveira
Com badalo de casco de burro,
Que no meio da selva agoureira
Vai fazendo medonho sussurro.

Capetinhas, trepados nos galhos
Com o rabo enrolado no pau,
Uns agitam sonoros chocalhos,
Outros põem-se a tocar marimbau.

Crocodilo roncava no papo
Com ruído de grande fragor:
E na inchada barriga de um sapo
Esqueleto tocava tambor.

Da carcaça de um seco defunto
E das tripas de um velho barão,
De uma bruxa engenhosa o bestunto
Armou logo feroz rabecão.

Assentado nos pés da rainha
Lobisome batia a batuta
Co'a canela de um frade, que tinha
Inda um pouco de carne corruta.

Já ressoam timbales e rufos,
Ferve a dança do cateretê;
Taturana, batendo os adufos,
Sapateia cantando — o le rê!

Getirana, bruxinha tarasca,
Arranhando fanhosa bandurra,
Com tremenda embigada descasca
A barriga do velho *Caturra*.

O *Caturra* era um sapo papudo
Com dous chifres vermelhos na testa,
E era ele, a despeito de tudo,
O rapaz mais patusco da festa.

Já no meio da roda zurrando
Aparece a *mula-sem-cabeça*,
Bate palmas, a súcia berrando
— Viva, viva a Sra. Condessa!...

E dançando em redor da fogueira
Vão girando, girando sem fim;
Cada qual uma estrofe agoureira
Vão cantando alternados assim:

III

TATURANA

Dos prazeres de amor as primícias,
De meu pai entre os braços gozei;
E de amor as extremas delícias
Deu-me um filho, que dele gerei.

Mas se minha fraqueza foi tanta,
De um convento fui freira professa;
Onde morte morri de uma santa;
Vejam lá, que tal foi esta peça.

GETIRANA

Por conselhos de um cônego abade
Dous maridos na cova soquei;
E depois por amores de um frade
Ao suplício o abade arrastei.

Os amantes, a quem despojei,
Conduzi das desgraças ao cúmulo,
E alguns filhos, por artes que sei,
Me caíram do ventre no túmulo.

GALO-PRETO

Como frade de um santo convento
Este gordo toutiço criei;
E de lindas donzelas um cento
No altar da luxúria imolei.

Mas na vida beata de ascético
Mui contrito rezei, jejuei,
Té que um dia de ataque apoplético
Nos abismos do inferno estourei.

ESQUELETO

Por fazer aos mortais crua guerra
Mil fogueiras no mundo ateei;
Quantos vivos queimei sobre a terra,
Já eu mesmo contá-los não sei.

Das severas virtudes monásticas
Dei no entanto piedosos exemplos;
E por isso cabeças fantásticas
Inda me erguem altares e templos.

MULA-SEM-CABEÇA

Por um bispo eu morria de amores,
Que afinal meus extremos pagou;
Meu marido, fervendo em furores
De ciúmes, o bispo matou.

Do consórcio enjoei-me dos laços,
E ansiosa quis vê-los quebrados,
Meu marido piquei em pedaços,
E depois o comi aos bocados.

Entre galas, veludo e damasco
Eu vivi, bela e nobre condessa;
E por fim entre as mãos do carrasco
Sobre um cepo perdi a cabeça.

CROCODILO

Eu fui papa; e aos meus inimigos
Para o inferno mandei c'um aceno;
E também por servir aos amigos
Té nas hóstias botava veneno.

De princesas cruéis e devassas
Fui na terra constante patrono;
Por gozar de seus mimos e graças
Opiei aos maridos sem sono.

Eu na terra vigário de Cristo,
Que nas mãos tinha a chave do céu,
Eis que um dia de um golpe imprevisto
Nos infernos caí de boléu.

LOBISOME

Eu fui rei, e aos vassalos fiéis
Por chalaça mandava enforcar;
E sabia por modos cruéis
As esposas e filhas roubar.

Do meu reino e de minhas cidades
O talento e a virtude enxotei;
De michelas, carrascos e frades
Do meu trono os degraus rodeei.

Com o sangue e suor de meus povos
Diverti-me e criei esta pança,
Para enfim, urros dando e corcovos,
Vir ao demo servir de pitança.

RAINHA

Já no ventre materno fui boa;
Minha mãe, ao nascer, eu matei;
E a meu pai, por herdar-lhe a coroa
Em seu leito co'as mãos esganei.

Um irmão mais idoso que eu,
C'uma pedra amarrada ao pescoço,
Atirado às ocultas morreu
Afogado no fundo de um poço.

Em marido nenhum achei jeito;
Ao primeiro, o qual tinha ciúmes,
Uma noite co'as colchas do leito
Abafei para sempre os queixumes.

Ao segundo, da torre do paço
Despenhei por me ser desleal;
Ao terceiro por fim num abraço
Pelas costas cravei-lhe um punhal.

Entre a turba de meus servidores
Recrutei meus amantes de um dia;
Quem gozava meus régios favores
Nos abismos do mar se sumia.

No banquete infernal da luxúria
Quantos vasos aos lábios chegava,
Satisfeita aos desejos a fúria,
Sem piedade depois os quebrava.

Quem pratica proezas tamanhas
Cá não veio por fraca e mesquinha,
E merece por suas façanhas
Inda mesmo entre vós ser rainha.

IV

Do batuque infernal, que não finda,
Turbilhona o fatal rodopio;
Mais veloz, mais veloz, mais ainda
Ferve a dança como um corrupio.

Mas eis que no mais quente da festa
Um rebenque estalando se ouviu,
Galopando através da floresta
Magro espectro sinistro surgiu.

Hediondo esqueleto aos arrancos
Chocalhava nas abas da sela;
Era a Morte, que vinha de tranco
Amontada numa égua amarela.

O terrível rebenque zunindo
A nojenta canalha enxotava;
E à esquerda e à direita zurzindo
Com voz rouca desta arte bradava:

"Fora, fora! esqueletos poentos,
Lobisomes, e bruxas mirradas!
Para a cova esses ossos nojentos!
Para o inferno essas almas danadas!"

Um estouro rebenta nas selvas,
Que recendem com cheiro de enxofre;
E na terra por baixo das relvas
Toda a súcia sumiu-se de chofre.

V

E aos primeiros albores do dia
Nem ao menos se viam vestígios
Da nefanda, asquerosa folia,
Dessa noite de horrendos prodígios.

E nos ramos saltavam as aves
Gorjeando canoros queixumes,
E brincavam as auras suaves
Entre as flores colhendo perfumes.

E na sombra daquele arvoredo,
Que inda há pouco viu tantos horrores,
Passeando sozinha e sem medo
Linda virgem cismava de amores.

HUMOR, SÁTIRA & BESTIALÓGICO

O NARIZ PERANTE OS POETAS

Cantem outros os olhos, os cabelos
    E mil cousas gentis
Das belas suas: eu de minha amada
    Cantar quero o nariz.

Não sei que fado mísero e mesquinho
    É este do nariz,
Que poeta nenhum em prosa ou verso
    Cantá-lo jamais quis.

    Os dentes são pérolas,
    Os lábios rubis,
    As tranças lustrosas
    São laços sutis
    Que prendem, que enleiam
    Amante feliz;
    É colo de garça
    A nívea cerviz;
    Porém ninguém diz
    O que é o nariz.

    Beija-se os cabelos,
    E os olhos belos,
    E a boca mimosa,

E a face de rosa
De fresco matiz;
E nem um só beijo
Fica de sobejo
Pro pobre nariz;
Ai! pobre nariz,
És bem infeliz!

Entretanto — notai a sem-razão
Do mundo, injusto e vão: —
Entretanto o nariz é do semblante
O ponto culminante;

No meio das demais feições do rosto
Erguido é o seu posto,
Bem como um trono, e acima dessa gente
Eleva-se eminente.

Trabalham sempre os olhos, mais ainda
A boca, o queixo, os dentes;
E — míseros plebeus — vão exercendo
Ofícios diferentes.

Mas o nariz, fidalgo de bom gosto,
Desliza brandamente
Vida voluptuosa entre as delícias
De um doce *far-niente*.

Sultão feliz, em seu divã sentado
A respirar perfumes,
De bem-aventurado ócio gozando,
Não tem inveja aos numes.

Para ele produz o rico Oriente
    O cedro, a mirra, o incenso;
Para ele meiga Flora de seus cofres
    Verte o tesouro imenso.

Amante fiel sua, a mansa aragem
    As asas meneando
Anda pra ele nos vergéis vizinhos
    Aromas apanhando.

E tu, pobre nariz, sofres o injusto
    Silêncio dos poetas?
Sofres calado? não tocaste ainda
    Da paciência as metas?

    Nariz, nariz, já é tempo
    De ecoar o teu queixume;
    Pois, se não há poesia
    Que não tenha o seu perfume,
    Em que o poeta às mãos cheias
    Os aromas não arrume,
    Por que razão os poetas,
    Por que do nariz não falam,
    Do nariz, pra quem somente
    Esses perfumes se exalam?
    Onde, pois, ingratos vates,
    Acharíeis as fragrâncias,
    Os balsâmicos odores,
    De que encheis vossas estâncias,

Os eflúvios, os aromas
Que nos versos espargis;
Onde acharíeis perfume,
Se não houvesse nariz?
Ó vós, que ao nariz negais
Os foros de fidalguia,
Sabeis, que se por um erro
Não há nariz na poesia,
É por seu fado infeliz,
Mas não é porque não haja
Poesia no nariz.

Atenção pois aos sons de minha lira,
Vós todos, que me ouvis,
De minha bem-amada em versos d'ouro
Cantar quero o nariz.

O nariz de meu bem é como... oh! céus!...
É como o quê? por mais que lide e sue,
Nem uma só asneira!...
Que esta musa está hoje uma toupeira.

Nem uma ideia
Me sai do casco!...
Ó miserando,
Triste fiasco!!

Se bem me lembra, a Bíblia em qualquer parte
Certo nariz ao Líbano compara;
Se tal era o nariz,
De que tamanho não seria a cara?!...

E ai de mim! desgraçado,
Se o meu doce bem-amado
Vê seu nariz comparado
A uma erguida montanha:
Com razão e sem tardança,
Com rigores e esquivança,
Tomará cruel vingança
Por essa injúria tamanha.

Pois bem!... Vou arrojar-me pelo vago
Dessas comparações que a trouxe-mouxe
Do romantismo o gênio cá nos trouxe,
Que pra todas as coisas vão servindo;
E à fantasia as rédeas sacudindo,
Irei, bem como um cego,
Nas ondas me atirar do vasto pego,
Que as românticas musas desenvoltas
Costumam navegar a velas soltas.

E assim como o coração,
Sem ter corda, nem cravelha,
Na linguagem dos poetas
A uma harpa se assemelha;

Como as mãos de alva donzela
Parecem cestos de rosas,
E as roupas as mais espessas
São em verso vaporosas;

E o corpo de esbelta virgem
Tem feitio de coqueiro,
E só com um beijo se quebra
De tão franzino e ligeiro;

E como os olhos são flechas,
Que os corações vão varando;
E outras vezes são flautas
Que de noite vão cantando;

Pra rematar tanta peta
O nariz será trombeta...

Trombeta o meu nariz?!! (ouço-a bradando)
Pois meu nariz é trombeta?...
Oh! não mais, Sr. poeta,
Com meu nariz s'intrometa.

Perdão por esta vez, perdão, senhora!
Eis nova inspiração me assalta agora,
E em honra ao teu nariz
Dos lábios me arrebenta em chafariz:

O teu nariz, doce amada,
É um castelo de amor,
Pelas mãos das próprias graças
Fabricado com primor.

As suas ventas estreitas
São como duas seteiras,
Donde ele oculto dispara
Agudas flechas certeiras.

Em que sítios te pus, amor, coitado!
Meu Deus, em que perigo?
Se a ninfa espirra, pelos ares saltas,
E em terra dás contigo.

Estou já cansado, desisto da empresa,
Em versos mimosos cantar-te bem quis;
Mas não o consente destino perverso,
    Que fez-te infeliz;
Está decidido — não cabes em verso,
    Rebelde nariz.

    E hoje tu deves
    Te dar por feliz
    Se estes versinhos
    Brincando te fiz.

Rio de Janeiro, 1858

À SAIA BALÃO

Balão, balão, balão! cúpula errante,
Atrevido cometa de ampla roda,
    Que invades triunfante
Os horizontes frívolos da moda;
Tenho afinado já para cantar-te
    Meu rude rabecão;
Vou teu nome espalhar por toda parte,
    Balão, balão, balão!

E para que não vá tua memória
Do esquecimento ao pélago sinistro,
    Teu nome hoje registro
Da poesia nos galantes fastos,
E para receber teu nome e glória,
Do porvir te franqueio os campos vastos.

Em torno ao cinto de gentil beldade
Desdobrando o teu âmbito estupendo,
   As ruas da cidade
Co'a longa cauda ao longe vais varrendo;
E nessas vastas roçagantes pregas
   De teu túmido bojo,
Nesse ardor de conquistas em que ofegas,
O que encontras, levando vais de rojo,
   Qual máquina de guerra,
Que inda os mais fortes corações aterra.

Quantas vezes rendido e fulminado
   Um pobre coração,
Não vai por essas ruas arrastado
   Na cauda de um balão.
Mal despontas, a turba numerosa
   À direita e à esquerda,
   De tempo, sem mais perda
Amplo caminho te abre respeitosa;
E com esses requebros sedutores
   Com que saracoteias,
   A chama dos amores
Em mais de um coração a furto ateias.

Sexo lindo e gentil — foco de enigmas! —,
   Quanto és ambicioso,
   Que o círculo espaçoso
De teus domínios inda em pouco estimas;
Queres mostrar a força onipotente
   De teu mimoso braço;
De render corações já não contente,
Inda pretendes conquistar o espaço!...

Outrora já c'os atrevidos pentes
    E as toucas alterosas,
As regiões buscavas eminentes,
Onde giram as nuvens tormentosas;
Como para vingar-te da natura,
Que assim te fez pequena de estatura.

    Mudaste enfim de norte,
E aumentando o diâmetro pretendes
Avantajar-te agora de outra sorte
Na cauda do balão, que tanto estendes.
    Queres em torno espaço
Té onde possas desdobrar teu braço.

Assim com tuas artes engenhosas
Sem medo de estourar tu vais inchando,
E os reinos teus co'as vestes volumosas
Ao longe sem limites dilatando,
    Conquistas na largura
O que não podes conseguir na altura.

Mas ah! por que o meneio gracioso
    De teu airoso porte
    Sepultas por tal sorte
Nesse mundo de saias portentoso?
Por que razão cuidados mil não poupas
Pra ver tua beleza tão prezada
    Sumir-se-te afogada
Nesse pesado pélago de roupas?

Sim, de que serve ver as crespas ondas
De túrgido balão
A rugirem bojudas e redondas
Movendo-se em contínua oscilação;
— Vasto sepulcro, onde a beleza cega
Seus encantos sepulta sem piedade,
— Empavesada nau, em que navega
A todo pano a feminil vaidade? —

De que serve enfeitar da vasta roda
Os estufados flancos ilusórios
Com esses infinitos acessórios,
Que vai criando a inesgotável moda,
De babados, de gregas, fitas, rendas,
De franjas, de vidrilhos,
E outros mil badulaques e fazendas,
Que os olhos enchem de importunos brilhos,
Se no seio de tão tofuda mouta
Mal se pode saber que ente se acouta?!

De uma palmeira à graciosa imagem,
Que flácida se arqueia
Ao sopro d'aura, quando lhe meneia
A trêmula ramagem,
Comparam os poetas
As virgens de seus sonhos mais diletas.
Mas hoje onde achar pode a poesia
Imagem, que as bem pinte e as enobreça,
Depois que deu-lhes singular mania
De atufarem-se em roupa tão espessa;
Se eram antes esbeltas qual palmeiras,
Hoje podem chamar-se — gameleiras.

Também o cisne, que garboso fende
De manso lago as ondas azuladas
    E o níveo colo estende
Por sobre as águas dele enamoradas,
Dos poetas na vívida linguagem
De uma bela retrata a pura imagem.

Mas hoje a moça, que se traja à moda,
Só se pode chamar peru de roda.
Quais entre densas nuvens conglobadas
    Em hórrido bulcão
Vão perder-se as estrelas afogadas
    Em funda escuridão,
Tal da beleza a sedutora imagem
Some-se envolta em túmida roupagem.

Balão, balão, balão! — fatal presente,
Com que brindou das belas a inconstância
A caprichosa moda impertinente,
    Sepulcro da elegância,
Tirano do bom gosto, horror das graças,
Render-te os cultos meus não posso, não;
Roam-te sem cessar ratos e traças,
    Balão, balão, balão.

————

Ó tu, que eu amaria, se na vida
De amor feliz restasse-me esperança,
E cuja linda imagem tão querida
Eu trago de contínuo na lembrança,
Tu, que no rosto e no ademã singelo
Das filhas de Helena és vivo modelo;

Nunca escondas teu gesto peregrino,
E da estreita cintura o airoso talhe,
E as graças desse teu porte divino,
    Nesse amplo detalhe
De roupas, que destroem-te a beleza
Dos dons de que adornou-te a natureza.

De que serve entre véus, toucas e fitas,
Ao peso dos vestidos varredores,
De *marabouts*, de rendas e de flores
Tuas formas trazer gemendo aflitas,
A ti, que no teu rosto tão viçosas
De tua primavera tens as rosas?...

Pudesse eu ver-te das belezas gregas,
Quais as figuram mármores divinos,
Na túnica gentil, não farta em pregas,
Envolver teus contornos peregrinos;
E ver dessa figura, que me encanta,
O altivo porte desdobrando a aragem
De Diana, de Hero, ou de Atalanta
    A clássica roupagem!...

Em simples trança no alto da cabeça,
As fúlgidas madeixas apanhadas;
    E a veste pouco espessa
Desenhando-te as formas delicadas,
Ao sopro das aragens ondulando,
Teus puros membros mórbida beijando.

E as nobres linhas do perfil correto
De importunos ornatos destoucadas,
Em toda a luz de seu formoso aspecto
    Fulgindo iluminadas
Por sob a curva dessa fronte bela,
Em que tanto esmerou-se a natureza;
E o braço nu, e a túnica singela
Com broche de ouro aos alvos ombros presa.

Mas não o quer o mundo, onde hoje impera
    A moda soberana —
Esquivar-se pra sempre, oh! quem pudera
    À sua lei tirana!...

Balão, balão, balão! — fatal presente,
Com que brindou das belas a inconstância
A caprichosa moda impertinente,
    Sepulcro da elegância,
Tirano do bom gosto, horror das graças!...
Render-te os cultos meus não posso, não;
Roam-te sem cessar ratos e traças,
    Balão, balão, balão.

Rio de Janeiro, 18 de julho de 1859

AO CHARUTO

Ode

Vem, ó meu bom charuto, amigo velho,
  Que tanto me regalas;
Que em cheirosa fumaça me envolvendo
  Entre ilusões me embalas.

Oh! que nem todos sabem quanto vale
  Uma fumaça tua!
Nela vai passear do bardo a mente
  Às regiões da lua.

E por lá embalado em rósea nuvem
  Vagueia pelo espaço,
Onde amorosa fada entre sorrisos
  O toma em seu regaço;

E com beijos de requintado afeto
  A fronte lhe desruga,
Ou com as tranças d'ouro mansamente
  As lágrimas lhe enxuga.

Ó bom charuto, que ilusões não geras!
  Que tão suaves sonhos!
Como ao te ver atropelados correm
  Cuidados enfadonhos!

Quantas penas não vão por esses ares
  Com uma só fumaça!…
Quanto negro pesar, quantos ciúmes,
  E quanta dor não passa!

Tu és, charuto, o pai dos bons conselhos,
    O símbolo da paz;
Para em santa pachorra adormecer-nos
    Nada há mais eficaz.

Quando Anarda com seus caprichos loucos
    Me causa dissabores,
Em duas baforadas mando embora
    O anjo e seus rigores.

———

Quanto lastimo os nossos bons maiores,
    Os Gregos e os Romanos,
Por não te conhecerem, nem gozarem
    Teus dotes soberanos!

Quantos males talvez não pouparias
    À triste humanidade,
Ó bom charuto, se te possuísse
    A velha antiguidade!

Um charuto na boca de Tarquínio
    Talvez lhe dissipara
Esse ardor, que matou Lucrécia linda,
    Dos mimos seus avara.

Se o peralta do Páris já soubesse
    Puxar duas fumaças,
Talvez com elas entregara aos ventos
    Helena e suas graças,

E a régia esposa em paz com seu marido
 Dormindo ficaria;
E a Troia antiga com seus altos muros
 Inda hoje existiria.

———

Quem dera ao velho Mário um bom
        [cachimbo
 Que lhe abrandasse as sanhas,
Para Roma salvar, das que sofrera,
 Catástrofes tamanhas!

Mesmo Catão, herói trombudo e fero,
 Talvez se não matasse,
Se a raiva que aos tiranos consagrava,
 Fumando evaporasse.

———

Fumemos pois! — Ambrósio, traze fogo…
 Puff!…oh! que fumaça!
Como me envolve todo entre perfumes,
 Qual véu de nívea cassa!

Vai-te, alma minha, embarca-te nas ondas
 Desse cheiroso fumo,
Vai-te a peregrinar por essas nuvens,
 Sem bússola, nem rumo.

Vai despir no país dos devaneios
 Esse ar pesado e triste;
Depois, virás mais lépida e contente,
 Contar-me o que lá viste.

Ouro Preto, 1857

AO MEU ANIVERSÁRIO

(15 de agosto)

Eis-te de novo às portas do Oriente,
    Fatal dia de agosto,
Que cada vez mais feio e mais tristonho
    Vais me mostrando o rosto.

Já me achas mais velho, e mais disposto
    A debicar contigo,
Do que a te saudar com aqueles hinos
    De meu bom tempo antigo.

Por que razão tão cedo cá vieste
    De novo aparecer-me?
Não sabes que o teu rosto já tão visto
    Só pode aborrecer-me?

Que me trazes de mimo? — mais um ano,
    Mais uma ruga à fronte,
E a campa, que lá surge mais distinta
    Nas brumas do horizonte!

Que tens de me contar de interessante?
    Que um ano mais de idade
Conto além de outros muitos que me deste?!
    Oh! grande novidade!

Já lá vão lustros seis, e mais dous anos,
    Que encontras-me na vida,
Cada vez mais moído e atrapalhado
    Nessa enfadonha lida!

Até quando pretendes oprimir-me
    Com o tremendo fardo
De anos e anos, com que os ombros vergas
    Do teu infeliz bardo?

Anos — e nada mais —, eis o que trazes
    A quem viste nascer:
E queres que com brindes te festeje,
    Com hinos de prazer?

Ai! que nem tardo a ver-te do Oriente
    Nas púrpuras louçãs,
Trazendo-me de envolta as senis rugas,
    E um punhado de cãs.

Depois — virás ainda derramando
    Dos raios teus o brilho,
E na face da terra entre os viventes
    Não mais verás teu filho!

Mas… que te importará mais essa gota
    Que se secou nos mares?
Mais essa folha que caiu da coma
    Das selvas seculares?

Passarás — e teus ledos esplendores
    Virão pousar risonhos
No leito em que eu estiver dormindo o eterno
    Sono que não tem sonhos.

E nem palpitará aos teus sorrisos
    Mirrado o coração,
E nem se aquecerão meus frios ossos
    Na gélida mansão.

Estou certo que quando sobre a terra
    Achares-me de menos,
Luto não trajarás, e nem teus raios
    Serão menos serenos.

Nem pretendo que ao veres meu sepulcro
    De horror voltes a cara;
Antes desejo que o inundes sempre
    De luz serena e clara.

Podes sorrir, cantar sobre meu túmulo,
    Que não darei cavaco;
Nem pode a tua luz turbar-me o sono
    Lá no meu antro opaco.

Mas se acaso doer-te a inglória sorte
    Do mísero poeta,
Que como sombra vã sem ser sentido
    Tocou a fatal meta,

Dirás aos que algum dia procurarem
    Saber quem ele fora:
"Eu vi nascer aquele que tranquilo
    Aqui repousa agora.

Foi um desses que passam sobre a terra
    Em êxtases profundos,
Escutando as canções que a seus ouvidos
    Ecoavam de outros mundos.

Agitava-lhe a alma de contínuo
    Um surdo furacão;
Tinha no seio o fel das amarguras,
    No cérebro um vulcão.

Andava só — espessa cabeleira
    Como nuvem sombria,
Negra, em desordem flutuando ao vento,
    A fronte lhe cobria.

E no vago do olhar turvado e triste
    Uma alma ressumbrava,
Que um pego de amargura e desalento
    No seio concentrava.

Cansado de vagar por este mundo
    Sonhando um paraíso,
De atroz sarcasmo às vezes pelos lábios
    Lhe doudejava um riso.

Longo tempo, em vãos sonhos embalado
    Viveu só de esperanças;
Mas depois… só nutria o pensamento
    Do fel de agras lembranças.

Não foi o fado que o tornou tão triste;
    A própria natureza
Já desde o berço lhe entornara n'alma
    O gérmen da tristeza.

E nos lábios dos outros muitas vezes
    Risos brotar fazia
De prazer jovial, que dentro d'alma
    O triste não sentia.

Morreu, coitado! — este sepulcro humilde
    Lhe serve de jazida;
Dai-lhe agora na morte, oh! dai-lhe as flores
    Que não colheu na vida.”

E esta?! — comecei sobre este assunto
    Um canto joco-sério:
Eis senão quando vejo-me envolvido
    No pó do cemitério!…

És tu, dia fatal, és tu culpado
    Deste funéreo sonho,
Que já por morto, e hóspede me dava
    Do túmulo medonho.

És tu que assim me trazes à lembrança
    Um triste cenotáfio,
E na campa me pões, lavrando eu mesmo
    O meu próprio epitáfio!

Se lembravas-me outrora a luz primeira,
    Sorrindo-me ao nascer,
Hoje lembras-me só que se avizinha
    O tempo de morrer.

Vai-te, ó dia importuno — vai-te azinha,
    Ó tu, que em meu costado
Inda mais um janeiro sem remédio
    Deixaste-me pregado.

Vai-te depressa — mas em tua volta
    Não venhas a correr,
Pois quanto a mim, nenhuma pressa tenho
    De cá tornar-te a ver.

E para que não veja-te na vida
    Raiando tantas vezes,
De hoje em diante comporei meus anos
    De vinte e quatro meses.

Rio de Janeiro, 15 de agosto de 1859

SIRIUS

Jam satis

Canícula feroz em céu de bronze
    Frenética esbraveja;
E contra nós de seus ardentes fogos
    Todo o furor dardeja.

Da destruição o gênio, sobre a terra
    Açula o cão celeste,
Que das cálidas fauces nos vomita
    A guerra, a fome e a peste.

E o céu é puro, e os claros horizontes
    Diáfanos resplendem;
E sem um véu montanhas e planuras,
    Intérminas se estendem!

Nem uma nuvem, que amorteça os raios
    Que vibra o sol ardente;
A esfera se tornou urna de fogo,
    Fornalha incandescente.

Debaixo deste ar quente e pesado
    O mar no leito ofega,
E se espreguiça lânguido na praia,
    Que tépida fumega.

Até as ramas dos copudos bosques
    Perderam seus frescores;
E a brisa frouxa mal meneia as asas
    Repassadas de ardores.

A noite não traz mais nas asas úmidas
    Benigno refrigério;
E com abafador espesso manto
    Cobre nosso hemisfério.

A água da fonte, que serpeia morna,
    Já nos não mata a sede:
E nem fresco repouso achar podemos
    Na preguiçosa rede.

Mudo e triste co'as asas descaídas
    Arqueja o passarinho;
O viandante exausto desfalece
    Em meio do caminho.

O pobre lavrador esbaforido
    A custo brande a enxada;
E de estéreis suores em vão rega
    A terra abraseada.

Se vem o dia, o corpo entorpecido
    Os membros move a custo,
E à noite o leito ardente se converte
    Em leito de Procusto.

Em frouxa letargia adormecida
    Descai a mente inerte;
Já não sente prazeres nem cuidados,
    E nada há que a desperte.

O próprio amor, que vive só de chamas,
    E os gelos aborrece,
Sente o fogo do céu crestar-lhe as asas
    E frouxo desfalece.

E já não há sorvete, banho ou ducha,
    Que um pouco refrigere
O fogo que o malvado sol dos trópicos
    Sem compaixão desfere.

Sirius, tu que és a estrela mais formosa
    Do cristalino assento,
A joia mais brilhante que se engasta
    No azul do firmamento,

Por que tanto flagelas com teus fogos
    A triste humanidade?
De um povo que em suores se derrete
    Por que não tens piedade?

Ah! que a razão é simples; — tu és bela;
    E é fado da beleza
Fazer tudo que sente-lhe a influência
    Arder em chama acesa!

Mas nem tanto; — modera esses ardores,
    Mitiga tanta calma,
Que as forças nos quebranta, e faz do corpo
    Quase exalar-se a alma.

E se acaso pretendes fulminar-nos
    Castigo furibundo,
Acende o archote, e queima-nos de golpe;
    Dá cabo deste mundo.

Enfim de qualquer modo, que aprouver-te,
    Acaba este tormento;
Mas por piedade, ó Sirius, não nos queiras
    Matar a fogo lento.

Rio, janeiro de 1864

DILÚVIO DE PAPEL
Sonho de um jornalista poeta

I

Que sonho horrível! — gélidos suores
　　Da fronte inda me escorrem;
Eu tremo todo! — crebros calafrios
　　Os membros me percorrem.

Eu vi sumir-se a natureza inteira
　　Em pélago profundo;
Eu vi, eu vi... acreditai, vindouros,
　　Eu vi o fim do mundo!...

E que fim miserando!... que catástrofe
　　Tremenda e singular,
Como nunca os geólogos da terra
　　Ousaram nem sonhar.

Não foram, não, do céu as cataratas,
　　Nem as fontes do abismo,
Que alagando este mundo produziram
　　Tão feio cataclismo.

Nem foi longo cometa amplo-crinito,
　　Perdido nos espaços,
Que sanhudo investiu nosso planeta,
　　E o fez em mil pedaços.

E nem tão pouco, em roxas labaredas,
　　Ardeu como Gomorra,
Ficando reduzido a lago imundo
　　De flutuante borra.

Nada disso: — porém cousa mais triste
    Senão mais temerosa,
Foi a visão, que a mente atormentou-me,
    A cena pavorosa.

II

Já o sol se envolvia em seus lençóis
De fofas nuvens, resplendentes d'ouro,
Como o cabelo de um menino louro,
Que se enrosca em dourados caracóis.
    Dos róseos arrebóis
A luz suave resvalava apenas
    Nos topes dos outeiros
E dos bosques nas cúpulas amenas.
E eu, que os dias sempre passo inteiros,
Rodeado de folhas de papel,
Que de todos os cantos aos milheiros
Noite e dia me assaltam de tropel,
Qual o gafanhotal bando maldito
Com que Deus flagelou o velho Egito:
Eu que vivo de um pálido aposento
    Na lôbrega espelunca,
    Não vendo quase nunca
Senão por uma fresta o firmamento,
E as campinas, e os montes e a verdura,
Flóreos bosques, encanto da natura;
    Das vestes sacudindo
A importuna poeira, que me encarde,
Longe das turbas, num recesso lindo
Fui respirar os bálsamos da tarde.

      Ao pé de uma colina,
Ao sussurro da fonte, que golfeja
      Sonora e cristalina,
Fui-me sentar, enquanto o sol dardeja
Frouxos raios por sobre os arvoredos,

E da serra nos últimos fraguedos,
Meu pensamento longe se embrenhava
      Em páramos fantásticos,
E do mundo e dos homens me olvidava,
Sem ter medo de seus risos sarcásticos.

Mas, ó surpresa!... ao tronco recostada
De um velho cajueiro vi sentada,
      De mim não mui distante,
Uma virgem de aspecto vislumbrante;
Sobre os nevados ombros lhe tombava
A basta chuva do cabelo louro,
E a mão, como a descuido, repousava
      Por sobre uma harpa de ouro
Engrinaldada de virente louro.
Cuidei que era uma estátua ali deixada
Que em noite de tremendo temporal
Pela fúria dos ventos abalada
      Tombou do pedestal.
Mas o engano durou só um momento;
Eu a vi desdobrar o ebúrneo braço,
E percorrendo as cordas do instrumento
De melífluas canções encher o espaço.
      E ouvi, cheio de espanto,
Que era a musa, que a mim se endereçava

Com mavioso canto,
E com severo acento, que inda abala
Té agora o meu peito, assim cantava,
— Que a musa canta sempre, e nunca fala.

III

Canto da musa — recitativo

Que vejo? junto a meu lado
Um desertor do Parnaso,
Que da lira, que doei-lhe
Faz hoje tão pouco caso,

Que a deixa pendurada numa brenha,
Como se fora rude pau de lenha?!
Pobre infeliz; em vão lhe acendi n'alma,
De santa inspiração o facho ardente;
Em vão da glória lhe acenei co'a palma,
A nada se moveu esse indolente,
E de tudo sorriu-se indiferente.

Ingrato! ao ver-te, sinto tal desgosto,
Que fico possuída de ruim sestro,
Me sobe o sangue ao rosto;
E em estado, que até me falta o estro,
Em vão estafo os bofes,
Sem poder regular minhas estrofes.
Por que deixaste, desditoso bardo,

As aras, em que outrora
De toda alma queimaste o puro incenso?
Como podes levar da vida o fardo
Nesse torpor, que agora
Te afrouxa a mente, e te anuvia o senso,
E as flores desprezar de tua aurora,
Ricas promessas de um porvir imenso?
Nossos vergéis floridos
Trocas por esse lúgubre recinto,
Onde os dias te vão desenxabidos
Em lânguido marasmo;
Onde se esvai quase de todo extinto,
O fogo do sagrado entusiasmo;
Onde estás a criar cabelos brancos
Na lide ingloriosa
De alinhavar a trancos e a barrancos
Insulsa e fria prosa!

Ária

Pobre bardo sem ventura,
Que renegas tua estrela;
— Oh! que estrela tão brilhante!
Nem tu merecias vê-la!

Pobre bardo, que da glória
Os louros calcas aos pés,
Deslembrado do que foste,
Serás sempre, o que tu és?

Já não ouves esta voz,
Que te chama com amor?
Destas cordas não escutas
O magnético rumor?

Nenhum mistério decifras
No rugir deste arvoredo?
Esta fonte, que murmura
Não te conta algum segredo?

Não entendes mais as vozes
Destes bosques, que te falam,
No rumorejo das folhas
E nos perfumes que exalam?

Nesta brisa que te envio
Não sentes a inspiração
Roçar-te pelos cabelos,
E acordar-te o coração?

Não vês lá nos horizontes
Uma estrela refulgir?
É a glória, que rutila
Pelos campos do porvir!

É ela, que te sorri
Com luz vívida e serena;
E com sua nobre auréola
Lá do horizonte te acena.

IV

Estes acentos modulava a musa
    Com voz maviosa,
Qual borbotando geme de Aretusa
    A fonte suspirosa,
Da Grécia os belos tempos recordando,
Que já no esquecimento vão tombando.
Encantada de ouvi-la, a mesma brisa
    O voo suspendeu;
E o travesso regato de seu curso
    Quase que se esqueceu.

Os bosques aos seus cantos aplaudiram
    Com brando rumorejo;
E o gênio das canções, na asa das auras,
    Mandou-lhe um casto beijo.
Enquanto a mim, senti correr-me os
                    [membros
    Estranho calafrio;
Mas procurei chamar em meu socorro
    Todo o meu sangue-frio.

Qual ministro de estado interpelado,
    Não quis ficar confuso;
E da parlamentar nobre linguagem
    Busquei fazer bom uso.

Como homem que entende dos estilos,
    Impávido me ergui,
Passei a mão na fronte, e sobranceiro
    Assim lhe respondi:

V

Musa da Grécia, amável companheira
De Hesíodo, de Homero e de Virgílio,
E que de Ovídio as mágoas consolaste
    Em seu mísero exílio;

Tu, que inspiraste a Píndaro os arrojos
De altiloquentes, imortais canções,
E nos jogos olímpicos lhe deste
    Brilhantes ovações;

Tu, que a Tibulo os hinos ensinaste
De inefável volúpia repassados,
E do patusco Horácio bafejaste
    Os dias regalados;

Que com Anacreonte conviveste
Em galhofeiro, amável desalinho,
Entre mirtos e rosas celebrando
    Amor, poesia e vinho;

Que tens a voz mais doce que a da fonte
Que entre cascalhos trépida borbulha,
Mais meiga que a da pomba que amorosa
    Junto do par arrulha;

E também, se te apraz, tens da tormenta
A voz troante, o brado das torrentes,
O zunir dos tufões, do raio o estouro,
    O silvo das serpentes;

Tu bem sabes, que desde minha infância
Rendi-te sempre o culto de minh'alma;
Ouvi-te as vozes e aspirei constante
    A tua nobre palma.

Mas, ah!… devo eu dizer-te?… o desalento
N'alma apagou-me a inspiração celeste,
E fez cair das mãos esmorecidas
    A lira que me deste!…

Peregrina gentil, de que te serve
Andar vagando aqui nestes retiros,
Na solidão dos bosques exalando
    Melódicos suspiros?…

Não vês que o tempo assim perdes embalde,
Que tuas imortais nobres canções
Entre os rugidos, abafadas morrem,
    Dos rápidos vagões?

Neste país de ouro e pedrarias
O arvoredo de Dáfnis não medra;
E só vale o café, a cana, o fumo
    E o carvão de pedra.

Volta aos teus montes; vai volver teus dias
Lá nos teus bosques, o rumor perene,
De que povoa as sombras encantadas
    A límpida Hipocrene.

Mas se desejas hoje alcançar palmas,
Deixa o deserto; exibe-te na cena;
Ao teatro!… lá tens os teus triunfos;
    Lá tens a tua arena.

Tu és formosa, e cantas como um anjo!
Que furor não farias, que de enchentes,
Quanto ouro, que joias não terias,
    E que reais presentes!

Serias excelente prima-dona
Em cavatinas, solos e duetos:
E ajustarias de cantar em cena
        Somente os meus libretos.

Se soubesse dançar, oh! que fortuna!
Com essas bem moldadas, lindas pernas,
Teríamos enchentes caudalosas
        Entre ovações eternas.

Em vez de ser poeta, quem me dera,
Que me tivesse feito o meu destino
Pelotiqueiro, acrobata, ou funâmbulo,
        Harpista ou dançarino.

Pelos paços reais eu entraria
De distinções e honras carregado,
E pelo mundo inteiro o meu retrato
        Veria propagado.

E sobre minha fronte pousariam
C'roas aos centos, não de estéril louro,
Como essas que possuis, mas de maciças,
        Brilhantes folhas de ouro.

Esse ofício, que ensinas, já não presta;
Vai tocar tua lira em outras partes;
Que aqui nestas paragens só têm voga
        Comércio, indústria e artes.

Não tem aras a musa — a lira e o louro
Já andam por aí de pó cobertos,
Quais vãos troféus de um túmulo esquecido
        Em meio dos desertos.

Ó minha casta, e desditosa musa,
Da civilização não estás ao nível;
Com pesar eu to digo — nada vales,
    Tu hoje és impossível.

VI

De santa indignação da musa ao rosto
    Rubor celeste assoma;
De novo a lira, que repousa ao lado,
    Entre seus braços toma.

E essa lira, inda agora tão suave,
    Desfere voz rouquenha,
Desprendendo canções arripiadas
    De vibração ferrenha.

Eu julguei que escutava entre coriscos
    Troar a voz do raio;
    Em pávido desmaio
    Tremem os arvoredos;

De medrosos mais rápidos correram
Os trépidos regatos, e os rochedos
Parece que de horror estremeceram.

"Maldição, maldição ao poeta,
Que renega das musas o culto,
E que cospe o veneno do insulto
Sobre os louros da glória sagrados!

Ao poeta, que em frio desânimo
Já descrê dos poderes da lira,
E que à voz que o alenta e inspira,
Se conserva de ouvidos cerrados!

Maldição ao poeta, que cede
À torrente do século corruto,
E nas aras imundas de Pluto
Sem pudor os joelhos inclina!

Que com cínico riso escarnece
Dos celestes acentos da musa,
E com tosco desdém se recusa
A beber da Castália divina.

E agora, ó descrido poeta,
Que o alaúde sagrado quebraste,
E da fronte os lauréis arrancaste
Qual insígnia de ignóbil baldão,

Já que a minha vingança provocas,
Neste instante tremendo verás
Os terríveis estragos que faz
A que vibro, fatal maldição!"

VII

Calou-se a musa, e envolvida
Em tênue vapor de rosa
Qual sombra misteriosa
Nos ares se esvaeceu;
E de aromas divinais
Todo o éter recendeu.

Qual zunido do látego vibrado
Por mãos de algoz cruento,
Nos ouvidos troou-me aquele acento,
E me deixou de horror petrificado.
Já ia arrependido aos pés prostrar-me
Da irritada, frenética deidade,
Cantar-lhe a palinódia, e em triste carme
Pedir-lhe piedade!…

Em vão eu lhe bradava: "Musa, ó musa!
Não me castigues, não; atende, escusa
A minha estranha audácia;
Um momento isso foi de irreflexão,
Em que não teve parte o coração,
E não serei mais réu por contumácia."

Mal dou um passo, eis no mesmo instante
     Encontro por diante
Jornal imenso de formato largo,
Aos meus primeiros passos pondo embargo.
Vou desviá-lo, e em sua retaguarda
     Encontro um *Suplemento*;
Porém, pondo-me em guarda
Para a direita opero em movimento,
E encontro frente a frente o *Mercantil*.
Para evitá-lo esgueiro-me sutil,
Buscando flanqueá-lo, e vejo ao lado
O *Diário do Rio de Janeiro*
     Que todo desdobrado
Ante mim se apresenta sobranceiro;
Com brusco movimento impaciente
     Me volto de repente
E quase que me achei todo embrulhado
No *Diário do Rio Oficial*.

Então compreendi toda a extensão
     E força do meu mal,
E o sentido satânico e fatal
Que encerrava da musa a maldição.
Eis-me pelos jornais de todo o lado
Em assédio formal engaiolado!
Assédio, que depois foi um Vesúvio,
Que arrojou das entranhas um dilúvio.

Porém o sangue-frio inda não perco,
Co'a ponta da bengala
Romper procuro o cerco
Que obstinado em torno se me instala.
Sobre o inimigo intrépido me atiro;
Brandindo uma estocada
Varo o *Jornal*, e mortalmente o firo;
E de uma cutilada
Denodado rasguei de meio a meio
O *Mercantil* e o *Oficial Correio*;
Co'as botas ao *Diário* faço guerra
E debaixo dos pés o calco em terra.
Mas ai de mim! em batalhões espessos,
Ao longe como ao perto,
Resistindo a meus rudes arremessos
O inimigo rebenta em campo aberto.
Debalde lhes desfecho denodado
Mil golpes repetidos;
Debalde vou deixando o chão coalhado
De mortos e feridos.
E quanto mais o meu furor se assanha,
Mais a coorte cresce e se arrebanha!

Bem como nuvem densa,
Eu vejo chusma imensa
De folhas de papel, que o espaço coalham,
Que lépidas farfalham,
Que trêmulas chocalham,
Nos ares se tresmalham,

E sobre a fronte passam-me, e repassam,
E em contínuo vórtice esvoaçam.
Aturdido procuro abrir caminho,
Demandando o pacífico aposento,
Onde refúgio encontre a tão mesquinho
    E mísero tormento.
E espreitando a custo pelos claros,
Que entre as nuvens da espessa papelada,
    Já me luziam raros,
Procuro orientar-me pela estrada,
Que me conduza à casa suspirada.
E através das ondas, que recrescem
A cada instante, e os ares escurecem,
De Mercantis, Correios e Jornais,
De Ecos do Sul, do Norte, de Revistas,
De Diários, de Constitucionais,
De Coalizões, de Ligas Progressistas,
De Opiniões, Imprensas, Nacionais,
De Novelistas, Crenças, Monarquistas,
De mil Estrelas, Íris, Liberdades,
De mil Situações, e Atualidades;
Através de Gazetas de mil cores,
De Correios de todos os países,
De Crônicas de todos os valores,
De Opiniões de todos os matizes,
De Ordens, Épocas, Nautas, Liberais,
Do Espectador da América do Sul,
De Estrelas do Norte, e outros que tais,

Que me encobrem de todo o céu azul,

A custo rompo, e chego esbaforido
Ao sossegado Albergue, e precavido
    A porta logo tranco,
    E de um só arranco
Com as escadas íngremes invisto.
Mas! oh! desgraça! oh! caso não previsto!
As folhas entre as pernas se embaralham,
    E todo me atrapalham,
E quase de uma queda me escangalham.
Mas salvei-me sem risco, e subo ao quarto
Do meu repouso, e onde me descarto
De tudo que me zanga e me atrapalha.
    Cansado já do excesso
    De golpe me arremesso
Sobre o colchão de fresca e fofa palha;
Mas apenas encosto na almofada
    A fronte afadigada,
Eis começa de novo o atroz vexame;
    Como importunas vespas,
De folhas me acomete novo enxame,
Zumbindo pelo ar co'as asas crespas,
Agravando à porfia o meu martírio
A ponto de me pôr quase em delírio.

    Já das gavetas
    E dos armários
    Surgem gazetas,
    Surgem diários;

Uns do tablado
Lá vêm subindo,
Ou do telhado
Descem rugindo;

Dentro da rede
Sobre o dossel,
Pela parede
Tudo é papel.

Folhas aos centos
Pare a canastra,
E o pavimento
Delas se alastra.

Té as cadeiras
E os castiçais
E escarradeiras
Parem jornais.

Saem do centro
Dos meus lençóis,
E até de dentro
Dos uri......

Já me sentia quase sufocado
Do turbilhão no meio,
E já tendo receio
De ficar ali mesmo sepultado,

Para sair de transe tão amargo
Resolvi-me a de novo pôr-me ao largo.
Salto da cama, rodo pela escada
E procuro safar-me da rascada,
    Já não andando
    Porém nadando
    Ou mergulhando
Co'esse quinto elemento em guerra crua.
    Cheguei enfim à rua
Que de papel achei toda imundada!
    E bracejando
    Espernegando
    Entrei em luta acerba
Contra a enchente fatal, que me assoberba,
Até que a muito custo surjo à tona
    Do horrendo turbilhão
    Que túrbido se entona
E no mundo se arroja de rondão.
    Às vagas meto o ombro,
Até achar dos céus a claridade.
Oh! céus! que cena horrível! oh!
                        [que assombro!
Em todo o seu horror e majestade
A mais triste catástrofe contemplo,
De que jamais no mundo houvera exemplo.
Fiquei transido de terror mortal,
Pois vi que era um dilúvio universal.

Das bandas do Oriente
Avistei densas nuvens conglobadas,
Que sobre o americano continente
Arrojavam camadas e camadas
De fofas papeladas.

E lá vinha de *Times* nuvem densa
Com um sussurro horrendo
No ar as pandas asas estendendo,
Derramando nos mares sombra imensa.
E após vinha em vastíssima coorte
O *País*, A *Imprensa*, o *Globo*, o *Mundo*,
O *Este*, e o *Oeste*, o *Sul*, e o *Norte*,
Esvoaçando sobre o mar profundo,
Jornais de toda a língua, e toda sorte,
Que no hemisfério nosso vêm dar fundo,
Gazetas alemãs com tipos góticos,
E mil outras com títulos exóticos.

Outras nuvens, também do sul, do norte,
Mas não tão carregadas, se encaminham,
E lentas se avizinham
Com horroroso frêmito de morte.
Da tormenta fatal recresce o horror!
Até do interior
Como um bando de leves borboletas
Lá vêm surgindo lépidas gazetas,
À desastrosa enchente
Fornecer seu pequeno contingente.
Julguei que sem remédio este era o dia

Da ira do Senhor; — pois parecia,
Que se abriam do céu as cataratas
E os abismos da terra, vomitando
Em borbotões, em túrbidas cascatas,
De hedionda praga o inextinguível bando.

Enquanto esbaforido luto, e ofego
Contra as ondas, que sempre recresciam,
Já sobre o farfalhante, imenso pego
As casas abafadas se sumiam.
    Em torno a vista estendo,
E vejo então, que esse dilúvio horrendo
Já tendo submergindo as baixas terras
Ameaçava os píncaros das serras.
E nem diviso barca de Noé
Que me conduza aos cimos de Arará!
O mal é sem remédio!... já perdida
    Toda esperança está!...

Mas não!... eis voga além batel ligeiro,
Os fofos escarcéus assoberbando;
Impávida e com rosto sobranceiro
Uma ninfa gentil o vai guiando,
    De angélica beleza;
E vi então... que pasmo! que surpresa!
Que a *dona* desse nunca visto *lago*
    Sem mais nem menos era

A ninfa linda e fera
Que ainda há pouco em um momento aziago
Aos sons de uma canção
Fulminou-me tremenda maldição.
Era-lhe barco a concha mosqueada
De tartaruga enorme,
Com engenhoso esmero trabalhada
De lavor preciosa e multiforme.
Com remo de marfim, mimoso pulso
Ao leve barco dá fácil impulso.
E enquanto fende as chocalheiras ondas
Desse pego, que em torno se lhe empola,
Vai cantando em estrofes mui redondas
Esta estranha e tremenda barcarola:

VIII

Já tudo se vai sumindo!…
Já desaparecem as terras;
Pelos outeiros e serras
Sobem ondas a garnel…

E neste geral desastre
Somente a minha piroga
Ligeira sem risco voga
Sobre as ondas de papel!
Sobre estes estranhos mares,
Voga, voga, meu batel!…

Para a triste humanidade
Não resta mais esperança;
O dilúvio cresce, e avança,
Leva tudo de tropel!...
Já imensa papelada
As terras e os mares coalha;
Já o globo se amortalha
Em camadas de papel.
    Mas sobre elas resvalado
    Vai vogando o meu batel.

Pobre idade, testemunha
Desta pavorosa cheia
Que dos tempos na cadeia
Vê quebrar-se o extremo anel!...
Oh! século dezenove,
Ó tu, que tanto reluzes,
És o século das luzes,
Ou século de papel?!...
    Sobre estas estranhas ondas,
    Voga, voga, meu batel!...

Debaixo de teu sudário
Dorme, ó triste humanidade!
Que eu chorarei de piedade
Sobre teu fado cruel!
E ao futuro irei dizendo
Sentada na tua lousa:
— Todo o mundo aqui repousa
Sob um montão de papel! —
    Meu batel, eia! ligeiro,
    Voga, voga, meu batel!

IX

Calou-se, e a um golpe do ebúrneo remo
Impele a concha, que veloz desliza;
    Eu nesse transe extremo,
Como quem outra esperança não divisa,
Meu afrontoso fim tão perto vendo,
À musa os braços súplices estendo.

"Perdão! perdão! bradei — musa divina,
Recebe-me a teu bordo —; é o teu vate,
A quem sempre tu foste o único norte,
Que entre estas fofas ondas se debate
    Entre as vascas da morte."

Mas de minha fervente rogativa
Não fez caso nenhum a ninfa esquiva;
Sem ao menos a mim volver o rosto
    As secas ondas corta;
Continuando a remar muito a seu gosto
    Comigo nem se importa.
E ei-la que continua a cantarola
De sua endiabrada barcarola:

    "Meus altares abjuraste,
    Agora sofre o castigo,
    Que eu não posso dar abrigo
    A quem me foi infiel.
    Morre em paz, infeliz bardo,
    E sem maldizer teu fado
    Fica pra sempre embrulhado
    Nesse montão de papel!…"
      Eia, rompe as secas ondas,
      Voga, voga, meu batel!…

X

Fiquei aniquilado!...
Horror! horror! há nada mais cruel,
Do que morrer a gente sufocado
Debaixo de uma nuvem de papel?!
Mas eis que de repente
A mais atroz lembrança
O desespero me sugere à mente,
Que exulta em seus desejos de vingança.
Veio-me à ideia de Sansão o exemplo,
Com seus robustos braços abalando
As colunas do templo,
E sob suas ruínas esmagando
A si e aos inimigos
Para evitar seus pérfidos castigos,
"Pois bem!... já que esperança alguma temos,
O mundo, e eu com ele, acabaremos,
Mas não por esta sorte;
Morrerei; mas também tu morrerás,
Ó ninfa desalmada,
Porém um outro gênero de morte
Comigo sofrerás:
A mim e a ti verás,
E a toda tua infanda papelada
Reduzidos a pó, a cinza, a nada!"

Enquanto isto eu dizia, da algibeira
Uma caixa de fósforos tirava,
Que por felicidade então trazia;
    E já chama ligeira
    Aqui e além lançava
Com o pequeno archote que acendia;
Eis já o voraz fogo se propaga,
Como em madura, tórrida macega,
E co'as rúbidas línguas lambe e traga
A seca papelada que fumega.
Como Hércules em cima da fogueira
Por suas próprias mãos alevantada,
Eu com serena face prazenteira
Vejo lavrar a chama abençoada.
Espesso fumo em túrbidos novelos
    Os ares escurece.
E a rubra labareda, que recresce,
Já me devora as vestes e os cabelos.
    Em tão cruel tortura
    Horrenda me aparece
    Da morte a catadura,
E a coragem de todo me falece.
"Perdão! perdão! ó musa! ai!... a teu
                [bordo...
O fumo me sufoca... eu morro..." acordo!...

XI

Ainda bem, que esse quadro tão medonho
    Não foi mais do que um sonho.

MINHA REDE

Canção

Minha rede preguiçosa
    Amorosa,
Em teu seio me embalança;
Quero ler nos céus risonhos
    Doces sonhos
De ventura e de esperança.

Neste lânguido desleixo
    Correr deixo
Minha vida descuidosa,
Contemplando ali defronte
    No horizonte
Uma nuvem cor-de-rosa.

Pelo vão dessa janela,
    Pura e bela,
Eu a vejo deslizar;
Pelo campo etéreo voga
    Qual piroga
Cortando o cerúleo mar.

Linda nuvem, quem me dera
    Pela esfera
Em teus ombros ir boiando,
E pairando sobre os montes,
    Horizontes
Infinitos devassando!

Veria da minha terra
      A alta serra,
Que há tanto tempo deixei;
E veria na janela
      A donzela
Por quem tanto suspirei.

E os lares de minha infância,
      Em distância
Pelo menos eu veria,
E as campinas, os ribeiros,
      E os coqueiros,
A cuja sombra dormia...

Veria coisas infindas,
      E tão lindas,
Que eu nem posso descrever,
Ó nuvem, se em teu regaço
      Pelo espaço
Eu pudesse espairecer.

Mas se tão puro recreio
      Em teu seio
Não quer dar-me a sorte escassa,
Ao menos esvoaçando
      Lá te mando
De meu charuto a fumaça.

Nela vai meu pensamento
      Pachorrento
Pelo ar vogando a esmo;
Para mim isto é tão doce,
      Qual se fosse
Para ti voando eu mesmo.

Entanto daquele corvo
　　Negro e torvo
Quanto invejo o feliz fado!
Sobre as nuvens me parece
　　Que adormece
Nas asas equilibrado.

E adejando em céus de anil
　　Esse vil
Ri talvez de compaixão
De mim, pobre animalejo,
　　Que rastejo
Neste ingrato e duro chão.

Que me importa, se em descanso
　　Me embalanço
Cantando uma barcarola;
E agitando-me nos ares,
　　Dos pesares
Minha rede me consola.

Tudo prazeres exprime,
　　E sorri-me
Em puro céu de bonança,
Quando esta rede amorosa,
　　Preguiçosa,
Em seu seio me embalança.

Minha rede é meu tesouro,
　　Nuvem d'ouro
Que me embala pelo espaço;
Em seu lânguido vaivém
　　Eu também
Sobre os ares esvoaço.

Se penso nos meus amores,
    Entre flores
Me sorri doce esperança:
E entre sonhos cor-de-rosa,
    Amorosa,
Minha rede me embalança.

Os pesares, os queixumes,
    Os ciúmes
Com horror dela se arredam;
Só prazeres sorridores,
    Só amores
Em suas malhas se enredam.

Meus amigos, em mim crede;
    Esta rede
Foi um presente divino;
Esta rede é encantada;
    Uma fada
Me a deu em troco de um hino.

Minha rede sonolenta,
    Vai mais lenta,
Vai-me agora embalançando;
Enquanto o suave sono
    De teu dono
Sobre os olhos vem baixando.

Rio, abril de 1864

AO CIGARRO

Canção

Cigarro, minhas delícias,
Quem de ti não gostará?
Depois do café, ou chá,
Há nada mais saboroso
    Que um cigarro de Campinas
    De fino fumo cheiroso?

Cigarro, quanto és ditoso!
Já reinas em todo mundo,
E esse teu vapor jucundo
Por toda parte esvoaça.
    Até as moças bonitas
    Já te fumam por chalaça!...

Sim — já por dedos de neve
Posto entre lábios de rosa,
Em gentil boca mimosa
Tu te ostentas com vaidade.
    Que sorte digna de inveja!
    Que pura felicidade!

Anália, se de teus lábios
Desprendes sutil fumaça,
Ah! tu redobras de graça,
Nem sabes que encantos tens.
    À invenção do cigarro
    Tu deves dar parabéns.

Qual caçoula de rubim
Exalando âmbar celeste,
Tua boca se reveste
Do mais primoroso chiste.
  A tão sedutoras graças
  Nenhum coração resiste.

Embora tenha o charuto
Dos fidalgos a afeição
E do conde ou do barão
Seja embora o favorito;
  Mas o querido do povo
  És tu só, meu cigarrito.

Quem pode ver sem desgosto,
Esse charuto tão grosso,
Esse feio e negro troço
Nos lábios da formosura?...
  É uma profanação,
  Que o bom gosto não atura.

Mas um cigarrinho chique,
Alvo, mimoso e faceiro,
A um rostinho fagueiro
Dá realce encantador.
  É incenso que vapora
  Sobre os altares de Amor.

O cachimbo oriental
Também nos dá seus regalos;
Porém nos beiços faz calos,
E nos faz a boca torta.
  De tais canudos o peso
  Não sei como se suporta!...

Deixemos lá o grão-turco
No tapete acocorado
Com seu cachimbo danado
Encher as barbas de sarro.
Quanto a nós, ó meus amigos,
Fumemos nosso cigarro.

Cigarro, minhas delícias,
Quem de ti não gostará?
Certo no mundo não há
Quem negue tuas vantagens.
Todos às tuas virtudes
Rendem cultos e homenagens.

És do bronco sertanejo
Infalível companheiro;
E ao cansado caminheiro
Tu és no pouso o regalo;
Em sua rede deitado
Tu sabes adormentá-lo.

Tu não fazes distinção,
És do plebeu e do nobre,
És do rico e és do pobre,
És da roça e da cidade.
Em toda a extensão professas
O direito de igualdade.

Vem pois, ó meu bom amigo,
Cigarro, minhas delícias;
Nestas horas tão propícias
Vem dar-me tuas fumaças.
Dá-mas em troco deste hino,
Que fiz-te em ação de graças.

Rio de Janeiro, 1864

À MODA

1878

Balão, balão, balão, perdão te imploro,
    Se outrora te maldisse,
Se contra ti em verso mal sonoro
    Soltei muita sandice.
Tu sucumbiste, mas de tua tumba
Ouço uma gargalhada, que retumba.

"Atrás de mim virá inda algum dia,
    Quem bom me há de fazer!"
Tal foi o grito, que da campa fria
Soltaste com satânico prazer.
Ouviu o inferno tua praga horrenda,
E pior que o soneto veio a emenda.

Astro sinistro no momento extremo
    De teu ocaso triste,
Do desespero no estertor supremo
    O bojo sacudiste,
E surgiram de tua vasta roda
Os burlescos vestidos hoje em moda.

Moda piramidal, moda enfezada,
    Que donairoso porte
Da moça a mais esbelta e bem talhada
    Enfeia por tal sorte,
Que a torna semelhante a uma chouriça,
Que em pé desajeitada se inteiriça.

***

Se vires pelas ruas aos saltinhos
    Mover-se um obelisco,
Como quem vai pisando sobre espinhos,
Com a cauda varrendo imenso cisco,
Do espectro esguio a forma não te espante
Não fujas, não, que aí vai uma elegante.

Mas se de face a moça assim se ostenta
    Esguia e empertigada,
Sendo por um dos lados contemplada
Diversa perspectiva se apresenta,
E causa assombro ver sua garupa
Que área imensa pelo espaço ocupa.

Formidável triângulo desenha-se
    Com base igual à altura,
De cujo agudo vértice despenha-se
Catadupa, que atrás se dependura,
    De fofos e babados
Com trezentos mil nós empantufados.

A linha vertical pura e correta
    Eleva-se na frente;
Atrás a curva, a linha do poeta
Em fofos ondulando molemente
Nos apresenta na suave escarpa
A figura perfeita de uma harpa.

Pela esguia fachada nua e lisa,
    Qual maciço pilar,
Se brincar co'a roupagem tenta a brisa,
    Não acha em que pegar;
E só o sopro de um tufão valente
Pode abalar da cauda o peso ingente.

***

Onde vais, virgem cândida e formosa,
    Assim cambaleando?!…
Que zombeteira mão despiedosa
O teu donoso porte torturando,
Te amarrou a essa cauda, que carregas,
Tão atufada de medonhas pregas?!…

Trazes-me à ideia a ovelha timorata,
    Que trêmula e ofegante
Do tosquiador se esquiva à mão ingrata,
    E em marcha vacilante
Vai arrastando a lã despedaçada
Atrás em rotos velos pendurada.

Assim também a corça malfadada,
    Que às garras do jaguar
A custo escapa toda lacerada,
    Co'as vísceras ao ar,
De rojo pela senda das montanhas
Pendentes leva as tépidas entranhas.

***

Onde estão os meneios graciosos
    De teu porte gentil?
O nobre andar, e os gestos majestosos
    De garbo senhoril?…
Abafados morreram nessa trouxa,
Que assim te faz andar cambeta e coxa.

E a fronte, a bela fronte, espelho d'alma,
    Trono do pensamento,
Que com viva expressão, turvada e calma
    Traduz o sentimento,
A fronte, em que realça-se a beleza
De que pródiga ornou-te a natureza,

Tua fronte onde está?… Teus lindos olhos
    Brilhar eu vejo apenas
Na sombra por debaixo de uns abrolhos
    De aparadas melenas…
Ah! modista cruel, que por chacota
Te pôs assim com cara de idiota

Ouro Preto, agosto de 1877

HINO À PREGUIÇA

…Viridi projectus in antro…

Virgílio

Meiga Preguiça, velha amiga minha,
    Recebe-me em teus braços,
E para o quente, conchegado leito
    Vem dirigir meus passos.

Ou, se te apraz, na rede sonolenta,
    À sombra do arvoredo,
Vamos dormir ao som d'água, que jorra
    Do próximo rochedo.

Mas vamos perto; à orla solitária
    De algum bosque vizinho,
Onde haja relva mole, e onde se chegue
    Sempre por bom caminho.

Aí, vendo cair uma por uma
    As folhas pelo chão,
Pensaremos conosco: — são as horas,
    Que aos poucos lá se vão.

Feita esta reflexão sublime e grave
    De sã filosofia,
Em desleixada cisma deixaremos
    Vogar a fantasia,

Até que ao doce e tépido mormaço
    Do brando sol do outono
Em santa paz possamos quietamente
    Conciliar o sono.

Para dormir a sesta às garras fujo
    Do ímprobo trabalho,
E venho em teu regaço deleitoso
    Buscar doce agasalho.

Caluniam-te muito, amiga minha,
    Donzela inofensiva,
Dos pecados mortais te colocando
    Na horrenda comitiva.

O que tens de comum com a soberba?...
    E nem com a cobiça?...
Tu, que às honras e ao ouro dás as costas,
    Lhana e santa Preguiça?

Com a pálida inveja macilenta
    Em que é que te assemelhas,
Tu, que sempre tranquila, tens as faces
    Tão nédias e vermelhas?

Jamais a feroz ira sanguinária
    Terás por tua igual,
E é por isso, que aos festins da gula
    Não tens ódio mortal.

Com a luxúria sempre dás uns visos,
    Porém muito de longe,
Porque também não é do teu programa
    Fazer vida de monge.

Quando volves os mal abertos olhos
    Em frouxa sonolência,
Que feitiço não tens!... que eflúvios vertes
    De mórbida indolência!...

És discreta e calada como a noite;
   És carinhosa e meiga,
Como a luz do poente, que à tardinha
   Se esbate pela veiga.

Quando apareces, coroada a fronte
   De roxas dormideiras,
Longe espancas cuidados importunos,
   E agitações fragueiras;

Emudece do ríspido trabalho
   A atroadora lida;
Repousa o corpo, o espírito se acalma,
   E corre em paz a vida.

Até dos claustros pelas celas reinas
   Em ar de santidade,
E no gordo toutiço te entronizas
   De rechonchudo abade.

Quem, senão tu, os sonhos alimenta
   Da cândida donzela,
Quando sozinha vago amor delira
   Cismando na janela?...

Não é também, ao descair da tarde,
   Que o vate nos teus braços
Deixa à vontade a fantasia ardente
   Vagar pelos espaços?...

Maldigam-te outros; eu, na minha lira
   Mil hinos cantarei
Em honra tua, e ao pé de teus altares
   Sempre cochilarei.

Nasceste outrora em plaga americana
 À luz de ardente sesta,
Junto de um manso arroio, que corria
 À sombra da floresta.

Gentil cabocla de fagueiro rosto,
 De índole indolente,
Sem dor te concebeu entre as delícias
 De um sonho inconsciente.

E nessa hora as auras nem buliam
 Nas ramas do arvoredo,
E o rio a deslizar de vagaroso
 Quase que estava quedo.

Calou-se o sabiá, deixando em meio
 O canto harmonioso
E para o ninho junto da consorte
 Voou silencioso.

A águia, que, adejando sobre as nuvens,
 Dos ares é princesa,
Sentiu frouxas as asas, e do bico
 Deixou cair a presa.

De murmurar, manando entre pedrinhas
 A fonte se esqueceu,
E nos imóveis cálices das flores
 A brisa adormeceu.

Por todo o mundo o manto do repouso
 Então se desdobrou,
E até dizem, que o sol naquele dia
 Seu giro retardou.

E eu também já vou sentindo agora
   A mágica influência
De teu condão; os membros se entorpecem
   Em branda sonolência.

Tudo a dormir convida; a mente e o corpo
   Nesta hora tão serena
Lânguidos vergam; dos inertes dedos
   Sinto cair-me a pena.

Mas ai!... dos braços teus hoje me arranca
   Fatal necessidade!...
Preguiça, é tempo de dizer-te adeus,
   Ó céus!... com que saudade!

SONETO

Eu vi dos polos o gigante alado,
Sobre um montão de pálidos coriscos,
Sem fazer caso dos bulcões ariscos,
Devorando em silêncio a mão do fado!

Quatro fatias de tufão gelado
Figuravam da mesa entre os petiscos;
E, envolto em manto de fatais rabiscos,
Campeava um sofisma ensanguentado!

— "Quem és, que assim me cercas de
                    [episódios?"
Lhe perguntei, com voz de silogismo,
Brandindo um facho de trovões serôdios.

— "Eu sou" — me disse —, "aquele
[anacronismo,
Que a vil coorte de sulfúreos ódios
Nas trevas sepultei de um solecismo…"

MOTE ESTRAMBÓTICO

Mote

> Das costelas de Sansão
> Fez Ferrabrás um ponteiro,
> Só para coser um cueiro
> Do filho de Salomão

Glosa

> Gema embora a humanidade,
> Caiam coriscos e raios,
> Chovam chouriços e paios
> Das asas da tempestade,
> — Triunfa sempre a verdade,
> Com quatro tochas na mão.
> O mesmo Napoleão,
> Empunhando um raio aceso,
> Suportar não pode o peso
> Das costelas de Sansão.

Nos tempos da Moura-Torta,
Viu-se um sapo de espadim,
Que perguntava em latim
A casa da Mosca-Morta.
Andava, de porta em porta,
Dizendo, muito lampeiro,
Que, pra matar um carneiro,
Em vez de pegar no mastro,
Do nariz do Zoroastro
Fez Ferrabrás um ponteiro.

Diz a folha de Marselha
Que a imperatriz da Mourama,
Ao levantar-se da cama,
Tinha quebrado uma orelha,
Ficando manca a parelha.
É isto mui corriqueiro
Numa terra, onde um guerreiro,
Se tem medo de patrulhas,
Gasta trinta mil agulhas,
Só para coser um cueiro.

Quando Horácio foi à China
Vender sardinhas de Nantes,
Viu trezentos estudantes
Reunidos numa tina.
Mas sua pior mofina,
Que mais causou-lhe aflição,
Foi ver de rojo no chão
Noé virando cambotas
E Moisés calçando as botas
Do filho de Salomão.

LEMBRANÇAS DO NOSSO AMOR

Qual berra a vaca do mar
Dentro da casa do Fraga,
Assim do defluxo a praga
Em meu peito vem chiar.
É minha vida rufar,
Ingrato, neste tambor!
Vê que contraste do horror:
Tu comendo marmelada,
E eu cantando, aqui, na escada,
Lembranças do nosso amor!

Se o sol desponta, eu me assento;
Se o sol se esconde, eu me deito;
Se a brisa passa, eu me ajeito,
Porque não gosto de vento.
E, quando chega o momento
De te pedir um favor,
Alta noite, com fervor,
Canto, nas cordas de embira
Da minha saudosa lira,
Lembranças do nosso amor!

Mulher, a lei do meu fado
É o desejo em que vivo
De comer um peixe esquivo,
Inda que seja ensopado.
Sinto meu corpo esfregado
E coberto de bolor…
Meu Deus! Como faz calor!
Ai! que me matam, querida,
Saudades da Margarida,
Lembranças da Leonor!

O anjo da morte já pousa
Lá na estalagem do Meira,
E lá passa a noite inteira
Sobre o leito em que repousa.
Com um pedaço de lousa,
Ele abafa toda a dor,
E, por um grande favor,
Manda ao diabo a saudade,
E afoga, por amizade,
Lembranças do nosso amor!

DISPARATES RIMADOS

Quando as fadas do ostracismo,
Embrulhadas num lençol,
Cantavam em si bemol
As trovas do paroxismo,
Veio dos fundos do abismo

Um fantasma de alabastro
E arvorou no grande mastro
Quatro panos de toicinho,
Que encontrara no caminho
Da casa do João de Castro.

Nas janelas do destino,
Quatro meninos de rabo
Num só dia deram cabo
Das costelas de um Supino.
Por tamanho desatino,
Mandou o Rei dos Amores
Que se tocassem tambores
No alto das chaminés
E ninguém pusesse os pés
Lá dentro dos bastidores.

Mas este caso nefando
Teve a sua nobre origem
Em uma fatal vertigem
Do famoso Conde Orlando.
Por isso, de vez em quando,
Ao sopro do vento sul,
Vem surgindo de um paul
O gentil Dalailama,
Atraído pela fama
De uma filha de Irminsul.

Corre também a notícia
Que o Rei Mouro, desta feita,
Vai fazer grande colheita
De matéria vitalícia.
Seja-lhe a sorte propícia,
É o que mais lhe desejo.
Portanto, sem grande pejo,
Pelo tope das montanhas,
Andam de noite as aranhas
Comendo cascas de queijo.

O queijo — dizem os sábios —,
É um grande epifonema,
Que veio servir de tema
De famosos alfarrábios.
Dá três pontos nos teus lábios,
Se vires, lá no horizonte,
Carrancudo mastodonte,
Na ponta de uma navalha,
Vender cigarros de palha,
Molhados na água da fonte...

Há opiniões diversas
Sobre dores de barriga:
Dizem uns que são lombrigas;
Outros — que vêm de conversas.
Porém as línguas perversas
Nelas vêm grande sintoma
De um bisneto de Mafoma,
Que, sem meias, nem chinelas,
Sem saltar pelas janelas,
Num só dia foi a Roma.

PARECER DA COMISSÃO DE ESTATÍSTICA
A RESPEITO DA FREGUESIA DA
MADRE-DE-DEUS-DO-ANGU

Diga-me cá, meu compadre,
Se na sagrada escritura
Já encontrou, porventura,
Um Deus que tivesse madre?
Não pode ser o Deus-Padre,
Nem tão pouco o Filho-Deus;
Só se é o Espírito Santo,
De quem falam tais judeus.
Mas esse mesmo, entretanto,
De que agora assim se zomba,
Deve ser pombo, e não pomba,
Segundo os cálculos meus.

Para haver um Deus com madre,
Era preciso um Deus fêmea;
Mas isto é forte blasfêmia,
Que horroriza mesmo a um padre.
Por mais que a heresia ladre,
Esse dogma tão cru,
— De um Deus de madre de angu —,
Não é obra de cristão.
E não passa de invenção
Dos filhos de Belzebu.

E, se há um Deus do Angu,
Pergunto: — Por que razão
Não há um Deus do Feijão,
Seja ele cozido ou cru?
De feijão se faz tutu,
Que não é mau bocadinho;
Mas não se seja mesquinho:
Como o feijão sem gordura
É coisa que não se atura,
Deve haver Deus do Toicinho.

Desta tríplice aliança
Nascerá uma trindade,
Com que toda a humanidade
Há de sempre encher a pança;
Porém, para segurança,
Como o angu é dura massa,
E o feijão nunca tem graça
Regado com água fria,
Venha para a companhia
Também um Deus da Cachaça.

Mas, segundo a opinião
De uma minha comadre,
Nunca houve um Deus de madre,
Nem de angu, nem de feijão.
Tem ela toda a razão.
Pelos raciocínios seus,
Que são conformes aos meus,
Isto é questão de panela,
E Deus não deve entrar nela,
E nem ela entrar em Deus.

E, portanto, aqui vai uma emenda,
    Que tudo remenda:

Vai aqui oferecida
Uma emenda supressiva:
Suprime a madre, que é viva,
Fica o angu, que é comida.
A comissão — convencida
Pelos conselhos de um padre,
Que conversou com a comadre —
Propõe que, desde este dia,
Chame-se a tal freguesia
A do Angu de Deus, sem Madre.

COLEÇÃO DE BOLSO HEDRA

1. *Iracema*, Alencar
2. *Don Juan*, Molière
3. *Contos indianos*, Mallarmé
4. *Auto da barca do Inferno*, Gil Vicente
5. *Poemas completos de Alberto Caeiro*, Pessoa
6. *Triunfos*, Petrarca
7. *A cidade e as serras*, Eça
8. *O retrato de Dorian Gray*, Wilde
9. *A história trágica do Doutor Fausto*, Marlowe
10. *Os sofrimentos do jovem Werther*, Goethe
11. *Dos novos sistemas na arte*, Maliévitch
12. *Mensagem*, Pessoa
13. *Metamorfoses*, Ovídio
14. *Micromegas e outros contos*, Voltaire
15. *O sobrinho de Rameau*, Diderot
16. *Carta sobre a tolerância*, Locke
17. *Discursos ímpios*, Sade
18. *O príncipe*, Maquiavel
19. *Dao De Jing*, Laozi
20. *O fim do ciúme e outros contos*, Proust
21. *Pequenos poemas em prosa*, Baudelaire
22. *Fé e saber*, Hegel
23. *Joana d'Arc*, Michelet
24. *Livro dos mandamentos: 248 preceitos positivos*, Maimônides
25. *O indivíduo, a sociedade e o Estado, e outros ensaios*, Emma Goldman
26. *Eu acuso!*, Zola | *O processo do capitão Dreyfus*, Rui Barbosa
27. *Apologia de Galileu*, Campanella
28. *Sobre verdade e mentira*, Nietzsche
29. *O princípio anarquista e outros ensaios*, Kropotkin
30. *Os sovietes traídos pelos bolcheviques*, Rocker
31. *Poemas*, Byron
32. *Sonetos*, Shakespeare
33. *A vida é sonho*, Calderón
34. *Escritos revolucionários*, Malatesta
35. *Sagas*, Strindberg
36. *O mundo ou tratado da luz*, Descartes
37. *O Ateneu*, Raul Pompeia
38. *Fábula de Polifemo e Galateia e outros poemas*, Góngora
39. *A vênus das peles*, Sacher-Masoch
40. *Escritos sobre arte*, Baudelaire
41. *Cântico dos cânticos*, [Salomão]
42. *Americanismo e fordismo*, Gramsci
43. *O princípio do Estado e outros ensaios*, Bakunin
44. *O gato preto e outros contos*, Poe
45. *História da província Santa Cruz*, Gandavo
46. *Balada dos enforcados e outros poemas*, Villon
47. *Sátiras, fábulas, aforismos e profecias*, Da Vinci
48. *O cego e outros contos*, D.H. Lawrence

49. *Rashômon e outros contos*, Akutagawa
50. *História da anarquia (vol. 1)*, Max Nettlau
51. *Imitação de Cristo*, Tomás de Kempis
52. *O casamento do Céu e do Inferno*, Blake
53. *Cartas a favor da escravidão*, Alencar
54. *Utopia Brasil*, Darcy Ribeiro
55. *Flossie, a Vênus de quinze anos*, [Swinburne]
56. *Teleny, ou o reverso da medalha*, [Wilde et al.]
57. *A filosofia na era trágica dos gregos*, Nietzsche
58. *No coração das trevas*, Conrad
59. *Viagem sentimental*, Sterne
60. *Arcana Cœlestia e Apocalipsis revelata*, Swedenborg
61. *Saga dos Volsungos*, Anônimo do séc. XIII
62. *Um anarquista e outros contos*, Conrad
63. *A monadologia e outros textos*, Leibniz
64. *Cultura estética e liberdade*, Schiller
65. *A pele do lobo e outras peças*, Artur Azevedo
66. *Poesia basca: das origens à Guerra Civil*
67. *Poesia catalã: das origens à Guerra Civil*
68. *Poesia espanhola: das origens à Guerra Civil*
69. *Poesia galega: das origens à Guerra Civil*
70. *O chamado de Cthulhu e outros contos*, H.P. Lovecraft
71. *O pequeno Zacarias, chamado Cinábrio*, E.T.A. Hoffmann
72. *Tratados da terra e gente do Brasil*, Fernão Cardim
73. *Entre camponeses*, Malatesta
74. *O Rabi de Bacherach*, Heine
75. *Bom Crioulo*, Adolfo Caminha
76. *Um gato indiscreto e outros contos*, Saki
77. *Viagem em volta do meu quarto*, Xavier de Maistre
78. *Hawthorne e seus musgos*, Melville
79. *A metamorfose*, Kafka
80. *Ode ao Vento Oeste e outros poemas*, Shelley
81. *Oração aos moços*, Rui Barbosa
82. *Feitiço de amor e outros contos*, Ludwig Tieck
83. *O corno de si próprio e outros contos*, Sade
84. *Investigação sobre o entendimento humano*, Hume
85. *Sobre os sonhos e outros diálogos*, Borges | Osvaldo Ferrari
86. *Sobre a filosofia e outros diálogos*, Borges | Osvaldo Ferrari
87. *Sobre a amizade e outros diálogos*, Borges | Osvaldo Ferrari
88. *A voz dos botequins e outros poemas*, Verlaine
89. *Gente de Hemsö*, Strindberg
90. *Senhorita Júlia e outras peças*, Strindberg
91. *Correspondência*, Goethe | Schiller
92. *Índice das coisas mais notáveis*, Vieira
93. *Tratado descritivo do Brasil em 1587*, Gabriel Soares de Sousa
94. *Poemas da cabana montanhesa*, Saigyō
95. *Autobiografia de uma pulga*, [Stanislas de Rhodes]
96. *A volta do parafuso*, Henry James
97. *Ode sobre a melancolia e outros poemas*, Keats
98. *Teatro de êxtase*, Pessoa

99. *Carmilla — A vampira de Karnstein*, Sheridan Le Fanu
100. *Pensamento político de Maquiavel*, Fichte
101. *Inferno*, Strindberg
102. *Contos clássicos de vampiro*, Byron, Stoker e outros
103. *O primeiro Hamlet*, Shakespeare
104. *Noites egípcias e outros contos*, Púchkin
105. *A carteira de meu tio*, Macedo
106. *O desertor*, Silva Alvarenga
107. *Jerusalém*, Blake
108. *As bacantes*, Eurípides
109. *Emília Galotti*, Lessing
110. *Contos húngaros*, Kosztolányi, Karinthy, Csáth e Krúdy
111. *A sombra de Innsmouth*, H.P. Lovecraft
112. *Viagem aos Estados Unidos*, Tocqueville
113. *Émile e Sophie ou os solitários*, Rousseau
114. *Manifesto comunista*, Marx e Engels
115. *A fábrica de robôs*, Karel Tchápek
116. *Sobre a filosofia e seu método — Parerga e paralipomena (v. ii, t. i)*, Schopenhauer
117. *O novo Epicuro: as delícias do sexo*, Edward Sellon
118. *Revolução e liberdade: cartas de 1845 a 1875*, Bakunin
119. *Sobre a liberdade*, Mill
120. *A velha Izerguil e outros contos*, Górki
121. *Pequeno-burgueses*, Górki
122. *A esquerda e o anarquismo*, Bookchin
123. *Um sussurro nas trevas*, H.P. Lovecraft
124. *Primeiro livro dos Amores*, Ovídio
125. *Elixir do pajé — poemas de humor, sátira e escatologia*, Bernardo Guimarães

Edição _	Bruno Costa
Coedição _	Iuri Pereira e Jorge Sallum
Capa e projeto gráfico _	Júlio Dui e Renan Costa Lima
Imagem de capa _	Detalhe de *Dança dos tapuias*, de Albert Eckhout (1610—1666)
Programação em LaTeX _	Marcelo Freitas
Revisão _	Bruno Oliveira
Assistência editorial _	Bruno Oliveira
Colofão _	Adverte-se aos curiosos que se imprimiu esta obra em nossas oficinas em 16 de novembro de 2010, em papel off-set 90 g/m², composta em tipologia Minion Pro, em GNU/Linux (Gentoo, Sabayon e Ubuntu), com os softwares livres LaTeX, DeTeX, vim, Evince, Pdftk, Aspell, svn e TRAC.